AI와 미디어 생태계

인공지능총서

인공지능 시대입니다. 기계가 인간의 인지를 대신하고, 사물이 인간을 통하지 않고 다른 사물과 직접 커뮤니케이션합니다. 이에 따른 인간 삶과 문명 변화를 정확히 이해·예측·대응하는 것은 이 시대 우리 모두의 과제입니다. 인공지능총서는 인공지능 기술과 환경의 여러 주제를 10가지 키워드로 정리합니다. 관련 개념과 이론, 학계와 산업계의 쟁점, 우리 일상의 변화를 다룹니다. 인간과 기술의 현재, 미래를 세심히 분석합니다.

일러두기

- 인명, 작품명, 저서명, 개념어 등은 한글과 함께 괄호 안에 해당 국가의 원어를 병기했습니다.
- 외래어 표기는 현행 어문규정의 외래어표기법을 따랐습니다.

처음이세요?

전문가세요?

AI와 미디어 생태계

김동민

대한민국, 서울, 커뮤니케이션북스, 2025

AI와 미디어 생태계

지은이 김동민
펴낸이 박영률

초판 1쇄 펴낸날 2025년 10월 22일

커뮤니케이션북스(주)
출판 등록 2007년 8월 17일 제313-2007-000166호
02880 서울시 성북구 성북로 5-11
전화(02) 7474 001, 팩스(02) 736 5047
commbooks@commbooks.com
www.commbooks.com

ISBN 979-11-430-1091-9 03500

책값은 뒤표지에 표시되어 있습니다.

차례

미디어 생태학과 AI

미디어 생태학의 역사는 어느덧 반세기가 훌쩍 넘었다. 닐 포스트먼(Neil Postman)이 1968년 미국 영어교사협의회의 연례 회의에서 처음 공식적으로 사용한 때를 시원으로 잡은 결과다. 미디어 생태학은 커뮤니케이션 미디어를 일종의 생태적 환경으로 주목했던 일련의 학자들의 지적 전통 혹은 시각을 가리킨다고 한다(Lum, 2006: 15).

미디어 생태학 이론을 정립했다고 평가되는 포스트먼은 《불평할 의무(Conscientious Objections)》에서 "미디어를 인간의 경험과 인식을 구조화하는 주요 환경으로 파악하여 '미디어 생태학'이라는 분야를 새로 개척하여 독립적인 분야로 키워 왔다는 평가를 받는다"라고 했다. 포스트먼은 미디어 생태학의 창시자인 셈이다.

미디어 생태학 구축을 위하여

그렇게 반세기가 넘게 지난 현재, 진정한 의미의 미디어 생태학은 아직 갈 길이 멀다. 미디어 연구와 생태학이 융합되어 있지 않기 때문이다. 포스트먼은 '미디어 환경'을 메타포라고 했다. 미디어 테크놀로지가 인간의 능력을 확장하고, 나아가서 사고방식과 문화의 내용을 변질시키기 때문이라는 것이다(Postman, 1985: 32). 종합하면 인간을 둘러싸고 있는 미디어를 생태적 환경이라고 보고, 그것을 미디어 생태학이라고 간주한 것이다. 포스트먼이 추구했던 것은 미디어 생태학이 아니라 평범한 텔레비전 비평이었다.

명실상부한 미디어 생태학이 되기 위해서는 미디어 연구에 생태학의 이론과 지식을 도입하고 적용함으로써 독립적인 이론을 창출할 수 있어야 한다. 단순한 메타포나 인상적인 미디어 비평이 아니라 과학적 지식의 융합이어야 한다. 융합은 비빔밥과 같은 것이다. 비빔밥은 여러 가지 나물을 고추장으로 섞고 참기름을 둘러 비벼 먹는 것이다. 그렇게 하면 나물들의 맛과 향이 보존되는 동시에 비빔밥의 독창적인 맛이 창출된다. 미디어 생태학은 그처럼 미디어학과 생태학이 섞임으로써 독특한 개성의 내용을 창출할 수 있어야 한다.

생태계라는 말은 산업 생태계나 문화 생태계, 기술 생태계 등 분야마다 흔히 사용한다. 과거에 환경이라고 했던 말을 대신하는 것이기도 하다. 환경의 사전적 의미는

"인간이나 동식물 등의 생존이나 생활에 영향을 미치는 자연적 조건이나 상태"로 되어 있다. 포스트먼의 '미디어 환경'에는 이런 환경이 없다. 메타포라고 에둘러 표현한 까닭이다.

미디어 생태계라고 했을 때, 생태계의 사전적 의미는 "어느 환경 안에서 생육하는 생물군과 그 생물들을 제어하는 제반 요인을 포함하는 복합 체계"로 되어 있다. 일정한 범위 안에 있는 모든 생물과 그 생물들을 제어하는 자연적, 인위적 조건들을 대상으로 한다는 의미가 되겠다. 그 안에는 인간의 미디어 이용이 있다. 인간의 미디어 개발과 이용이 인류 사회는 물론이고, 나아가서 자연환경에 미치는 영향을 포괄적 연구 대상으로 삼아야 한다. 그래야 미디어 생태학이라고 할 수 있을 것이다. 이때 중요한 포인트가 있다. 인간의 미디어 이용 행위에 대한 기존의 경험적 접근을 초월해야 한다는 점이다. 자연생태계의 일원이라는 인간의 조건을 고려하지 않으면 안 되는 것이다. 우선 인간과 미디어는 자연의 일부라는 사실을 인식하는 것이 중요하다.

생태학의 시선으로 인간의 미디어 이용 행위가 초래하는 현상을 설명하려고 한다면, 생태학의 이론과 지식을 동원해야 한다. 그렇지 않고 사회과학의 전통적 접근

방식인 경험적 조사 연구나 문화적 접근에 국한한다면 과거와 다르지 않을 것이다. 비평이나 비판이 곧 과학적 분석과 진실로 이어지는 것은 아니다. 생태학의 이론과 지식을 전반적으로 동원하지 않더라도 인간 행위의 근원을 추적하는 접근은 기본이다. 생물학적 인간에 대한 탐구를 생략한 채 인간의 미디어 이용 행위의 결과만을 추적해 패턴을 찾고 이론을 만드는 것을 미디어 생태학이라고 부르기는 어렵다. 그건 그냥 미디어학이다. 적어도 인간이 왜 그런 행동을 보여 주는지에 대한 과학적 탐구가 수반되어야 명실공히 미디어 생태학이라고 할 수 있을 것이다.

미디어 연구는 정치학과 사회학, 심리학으로부터 시작해 역사학, 경제학, 법학, 정치경제학 등 다양한 학문 영역이 융합된 성격을 갖는다. 그 학문 영역의 이론과 지식이 녹아 있는 것이다. 예를 들어 정치 커뮤니케이션에서는 정치학 이론이, 미디어 심리학에서는 행동주의에서부터 진화 심리학까지의 지식 습득이 필수다. 미디어 정치경제학은 변증법적 유물론과 더불어 마르크스 이론의 습득이 병행되어야 한다. 미디어 생태학이라고 한다면, 이처럼 생태학 이론이 동원되어야 하는 것은 당연한 일이다. 미디어 생태학이라고 할 때, 중요한 것은 생물학적 인간에 대한 지식의 축적과 적용이다. 이게 선행되어야 왜 그렇게 행동하는지에 대한 단서를 포착할 수 있을 것이다. 인간의 행동은 오로지 외부 환경의 영향이지 유전자와는 관계없다는 뒤르켐식 사회학의 한계에서 벗어나야 한다.

포스트먼은 미디어 생태학을 "환경으로서의 미디어에 관한 연구"라고 정의하고, 그동안 다양한 학문 분야에서 언어와 문화, 미디어와 문화, 미디어와 인간 등의 관계에 관심을 가졌던 학자들을 미디어 생태학자라고 명명하면서, 이들이 주목한 관계를 미디어 생태학이라는 개념으로 이해하고자 했다. 그 학자들도 미디어 생태학자라는 인식과 정체성을 지니고 있었을까? 포스트먼은 미디어의 문제를 다루기 위해 생태학을 일종의 메타포로 가져왔다고 강조했다. 포스트먼에게 환경으로서의 미디어에 관한 연구의 실체는 텔레비전 비평이었다. 당시는 텔레비전 무용론이 제기될 정도로 텔레비전에 대해 비판적이었다. 그 자체로 의미는 있지만, 그것을 미디어 생태학이라고 인정하기는 어렵다.

과학에서 메타포는 어떤 의미일까? 화학자 브라운(Theodore Brown)은, 메타포가 "'창조적인 과학'이라고 여기는 것의 핵심에 있다"면서 과학자들이 눈으로 볼 수 없는 과정이나 대상물의 모형으로서 기능하고, 과정과 대상물의 거동이나 작용을 설명하고 예측하는 이론이 될 수 있으며, 과학자들이 비과학도나 과학도에게 복잡한 개념을 설명하고 전달하는 데 도움을 줄 수 있다고 강조한다(Reeves, 2005: 51). 메타포라는 것은 본격적인 연구와 설명을 위한 디딤돌 역할을 하는 것이지 그 자체로 목적이 되는 것은 아니라는 말이다.

매클루언(Marshall McLuhan)의 지구촌이라는 개념도 메타포의 성격을 갖는다. 광활한 지구가 하나의 촌락과 같은 규모로 축소된 현상을 압축적으로 표현한 것이다. 그러나 매클루언은 메타포에 그치지 않고 지구촌 개념을 물리학의 상대성이론으로 설명했다. 전자 미디어의 등장으로 메시지가 전기의 속도로 유통되는 현실을 설명한 것이다. 전기의 속도는 빛의 속도와 같다. 지구의 광활한 공간이 전기의 속도에 의해 촌락 수준으로 응축되었다는 것이다. 지리학자 하비(David Harvey)는 공간과 시간의 문제를 다루면서 "오늘날 1세기 넘게 전자기술의 발달이 이루어진 후에, 우리는 지구상의 공간과 시간을 모두 파괴하며 중추신경계를 전 세계로 확장해 왔다"라는 매클루언의 말을 인용하면서 전기의 힘으로 '지구촌'이 1960년대 중반 커뮤니케이션의 '실재'가 되었다고 평가했다(Harvey, 1989: 341). 지구촌이라는 은유적 표현으로 전자 미디어가 재현한 세계에 대한 실재의 진실을 규명했다는 것이다.

가이아 이론과 마이크로코스모스의 경우

지구를 살아 있는 생명체라고 하면서 가이아 이론을 제기한 영국의 화학자 러브록(Lovelock, 1995)이나 공생(symbiosis)이라고 하는 공진화 이론을 제기한 마굴리스(Margulis & Sagan, 1986)의 경우도 마찬가지다. 서로의 이론을 지지한 동료이기도 했던 러브록과 마굴리스의 이론들은 처음에는 학계에서 배척을 받았지만, 집요하고 철저한 검증 과정을 통해 정설로 인정받게 되었다. 러브록은 살아 있는 가이아라고 하는 은유적 표현을 앞세워 지구 생태계의 본질을 규명했다. 과학적 근거에 의해 정밀하게 증명했음은 물론이다. 마굴리스는 《이론 생물학 저널(Journal of Theoretical Biology)》에 열다섯 번이나 거절당하면서도 공진화 이론을 관철했다. 마굴리스는 엽록체의 기원이 세포 내부에 공생하는 시아노박테리아라는 사실뿐 아니라, 진핵세포의 호흡을 담당하는 장소인 미토콘드리아도 박테리아에서 유래했다는 사실을 밝혀낸 것이다. 오늘날 생물학자들은 엽록체와 미토콘드리아가 내부 공생에서 비롯되었다는 사실을 인정하고 있고, 마굴리스는 미국과학훈장을 받았다(Knoll, 2003: 183). 마굴리스의 이론을 확인해 보자.

"한때는 독립적인 생물체였다가 이제는 진핵세포의 내부에서 미세소관(microtubules)이나 기타, 다른 기관으로 남게 된 그런 살아 있는 유물들은 현존하는 모든 생물이 공생의 과정을 통해서 진화했다는 이론을 강력히 뒷받침한다. 공생은 두 생물체가 합쳐져서 세포와 생물 몸체를 영원히 공유하면서 서로 이익을 얻는 메커니즘이다. 때로는 미세소관, 미토콘드리아, 기타 세포의 여러 구성원들이 박테리아에서 기원했다는 이론을 상세히 설명하기 곤란한 경우도 있다. 그러나 앞으로 살펴보겠지만, 공생 과정을 통해서 진화가 이루어졌다는 이론의 개략적인 윤곽은 미생물 우주의 생활형을 잘 아는 학자들 사이에서 이미 널리 인정되었다"(Margulis & Sagan, 1986: 39).

DNA, 유전자 교환, 공생의 세 원동력이 진화를 주도했다는 이론은 1882년 찰스 다윈의 사망 후 거의 1세기가 지나서야 비로소 발전했다면서 우리 몸속의 환경이 38억 년 전 지구의 환경과 비슷하다는 점에서 "개개의 생물은 하나의 미생물 우주(믿을 수 없을 정도로 작고 마치

하늘의 별처럼 무수하면서 스스로 번식할 수 있는 생물체들이 모여서 형성된 소우주)로 간주되어야 할 것"이라는 다윈의 말을 인용하며 이렇게 설명한 것이다. '미생물 우주(microcosomos)'는 마굴리스의 책 제목이기도 하다. 그에 비해 미디어 생태학은 공진화라는 용어를 아주 부분적으로 차용했을 뿐 인간과 미디어의 공생에 따른 공진화의 실상을 추적하지 않는다.

포스트먼은 매클루언을 계승해 미디어 생태학을 태동시켰다고 한다. 그의 노력으로 미국에는 미디어 생태학회(Media Ecology Association)가 있고, 학회는 학술지인 《미디어 생태학 탐구(Explorations in Media Ecology)》를 발행하는 등 활발하게 활동하고 있다. 미디어 생태학의 키워드는 매클루언이 남긴 '미디어는 인간의 확장', '지구촌', '미디어는 메시지다', '핫 미디어와 쿨 미디어' 등이다. 이 개념들은 매클루언이 단순한 메타포로 제기한 것이 아니라 자연과학의 이론으로 검증이 되었거나 합리적 추론으로 제기한 탁월한 미디어 이론에 해당한다. 그러나 매클루언의 이론은 우리 미디어학계는 물론이고 미국의 미디어 생태학회에서도 제대로 설명되지 못하고 있는 현실이다. 포스트먼은 1975년 박사과정 학생들에게 "만일 당신이 교수진 중의 한 명이었고 미디어 생태학을 고안하려고 했다면, 무엇을 포함하겠는가?"라고 물었다고 한다(Lum, 2006: 69). 매클루언의 미디어 이론이 중심에 있어야 한다고 해야 정답이 될 것이다.

미디어 생태학의 실상

포스트먼은 "미디어 생태학은 커뮤니케이션 미디어가 인간의 지각, 이해, 감정, 가치에 어떻게 영향을 미쳤는지, 혹은 미디어와의 상호작용이 우리의 생존 기회를 어떻게 가능하게 하거나 방해하는지를 살펴본다"라고 했다. 맞는 말이다. 그러나 실제 저술 등에서는 그런 내용을 찾아보기 어렵다. 텔레비전 내용에 대한 비평에 그칠 뿐, 생태학은 찾아볼 수 없다.

미디어 생태학은 이처럼 여전히 메타포의 수준을 벗어나지 못하고 있다. 매클루언의 이론을 제대로 계승하지 못하고 있는 것이다. 미디어 생태학을 메타포라 하면서 인상비평에 가까운 TV 비평에 머무른다면 생태학이라고 하기 어렵다. 메타포는 본질을 탐구하는 과정에서 단서 내지는 길을 안내하는 이정표에 해당하는 것으로, 규명하고자 하는 진상의 단서를 제공하는 길잡이 역할을 하는 것이다.

사정은 미국의 미디어 생태학회도 다르지 않다. 헤더

월터스(Heather Walters)는 최근 논문에서 AI가 현대 사회에 미치는 영향을 분석하면서 포스트먼의 미디어 비평 이론을 적용했다(Walters, 2024). 생성형 AI가 사회에 제기하는 도전 과제들이 포스트먼이 제시했던바, 미디어가 사회와 문화에 미치는 영향에 대한 경고와 유사하거나 이를 증폭한다는 주장이다. 포스트먼의 미디어 비평은 주로 텔레비전에 집중되었다. 그 관점을 미디어 생태학이라는 이름으로 AI에 기계적으로 적용한 것이다. 이처럼 최근의 화두인 AI를 언급하는 등 새로운 추세를 반영하기는 하지만 미디어 생태학으로의 진전은 찾아보기 어렵다.

매클루언은 미디어가 바뀌면 인간의 감각 비율과 지각 패턴이 바뀌고, 나아가서 인간관계도 바뀐다고 했다. 사회 시스템이 바뀌는 것은 물론이다. 그렇다면 적어도 AI가 인쇄술이나 라디오, 텔레비전과는 어떻게 다른지 규명해 주어야 한다. 이를테면 과거의 정보 네트워크에서는 연결 장치에 불과한 인쇄술이나 방송이 무언가를 결정하고 생성하지 않은 데 비해, AI가 인간과 동등한 구성원이 된 정보 네트워크에서는 AI가 스스로 결정을 내리고 새로운 아이디어를 생성할 수 있는 능동적 행위자가 되었다(Harari, 2024: 301). 그로 인해 인간 사회는 어떻게 변화할지, 나아가서 지구 생태계에는 어떤 영향을 미칠지 예측할 수 있어야 미디어 생태학이라 할 수 있는 것이다.

미디어 생태학이 매클루언으로부터 유래했다고 하면서 포스트먼을 넘지 못하고 있는 현실이다. 포스트먼이 주목했던 대상은 오락물이 넘치는 텔레비전이며, 그로 인해 미국의 공공 담론이 해체되어 쇼비즈니스 기교로 변질되고 있다는 관점에서 현상에 대한 주관적 비판이었다(Postman, 1985: 21). 당시 미국의 방송에 대한 비평을 오늘날의 미디어 생태계에도 변함없이 적용할 수 있을까? 한국에서 보편적 이론으로 적용될 수 있을까?

미디어 생태학은 포스트먼의 주장을 바탕으로 하고 있다. 활자 시대의 쇠퇴와 텔레비전 시대의 부상에 대한 탄식이요(Postman, 1985: 24), "텔레비전이 창조한 인식론은 활자 매체 기반의 인식론보다 저급할 뿐 아니라 위험하고도 가장 불합리하다"라는 주장이다(Postman, 1985: 53). 대학원 시절부터 매클루언으로부터 배운 포스트먼은 문화를 꿰뚫어 보는 가장 명확한 방법으로 의사소통 수단을 살펴야 한다는 그의 가르침을 여전히 발판으로 삼고 있다고 했다(Postman, 1985: 25). 그러나 전자 매체를 보는 매클루언의 시각과는 많이 다르다. 반대로 해석하고 있다. 매클루언은 인쇄 시대를 비판하면서 전자 시대를 긍정적으로 묘사했던 것이다.

한편으로 포스트먼은 청년 시절에 성경을 공부하면서 매체 형식이 그에 부합하는 특정한 종류의 내용만을 수용함으로써 문화를 지배할 수 있다는 신의 계명에 감동받았다고 한다(Postman, 1985: 26). 그 영향으로 미국의 미디어 생태학 연구자들은 미디어의 형식이 내용에 영향을 미친다는 주장을 하곤 한다. 미디어의 형식이 특정 종류의 내용을 강제하지 않으며, 미디어는 메시지 내용과 관계없이 사람의 감각과 지각에 영향을 미치면서 사회를 변화하고 문화를 지배한다는 게 매클루언의 인식이다. 미디어의 형식이 내용에 영향을 미친다는 게 아니다. 단순히 미디어 생태계라는 표현으로 미디어 비평을 하는 것은 가능하지만, 텔레비전 비평을 생태학이라고 규정하는 것은 받아들이기 어렵다.

인간의 확장과 지구촌

매클루언은 《구텐베르크 은하계(Gutenberg Galaxy)》에서 프랑스의 생물학자 샤르댕(Pierre Teilhard de Chardin)의 책 《인간의 현상(Phenomenon of Man)》에 나오는 다음 구절을 인용했다.

> "사람들은 지구에 대한 영향력의 반경을 조금씩 확장했고, 그 반대로 지구는 지속적으로 수축되었다. … 과거 철도와 자동차, 비행기의 발견을 통해서는 각자의 물리적 영향력이 겨우 몇 마일로 제한되었지만, 지금은 수백 마일로 확장되었다. 전자기파의 발견으로 대표되는 놀라운 생물학적 사건 덕분에 각 개인은 앞으로 지구의 구석구석에서, 그리고 육지와 바다 위에서 (적극적으로 그리고 피동적으로) 동시에 존재하는 자기 자신을 발견하게 되었다"(McLuhan, 1962: 37).

인간의 공간적 영향력의 범위가 확장된다는 것은 지구 공간이 좁아진다는 것을 의미한다. 기차에서 비행기까지 교통수단의 발전은 당연히 물리적 영향력 범위가 확장되는 것이지만, 한계가 있었다. 그러나 전자기파의 발견은 그 범위를 전 지구로 확대하면서 공간과 시간의 제약을 극복하게 되었다. 여기서 생물학적 사건이란 인간의 신체(중추신경계)가 지구의 모든 곳으로 확장된 사실을 상징적으로 표현한 것이다. 전자기파의 발견과 그에 따른 방송의 출현 덕분이다. 이렇게 매클루언의 아이디어는 메타포를 넘어 과학적 진실을 내포하고 있다.

전자기파 발견으로 대표되는 생물학적 사건의 의미를

좀 더 살펴보기로 하자. 1820년 전기와 자기가 별개가 아니라 서로 인력이 작용하고 있다는 외르스테드의 발견으로부터 가우스와 앙페르, 패러데이를 거쳐 맥스웰 방정식으로 확인된 전자기파의 존재를 확인한 사실을 말한다. 맥스웰 방정식은 나아가서 빛도 전자기파의 일종이며, 그 속도는 초속 30만 km에 이른다는 사실까지 밝혀냈다. 전자기파의 발견은 라디오와 텔레비전 방송의 시대를 열었다. 매클루언은 전자기파 발견의 의미를 누누이 설명해 놓았다.

방송의 메시지는 전기의 속도, 즉 빛의 속도로 전달된다. 빛의 속도는 1초에 지구를 7.5 바퀴 회전할 정도의 수준에 해당한다. 정보의 전송 측면에서 본인이 의도하든 아니든, 지구의 어느 곳에 일어난 일을 순식간에 알 수 있게 되었다. 인간의 중추신경이 지구 구석구석에 닿아 있는 것이다. 전자기파 덕분에 지구가 이렇게 하나의 촌락 수준으로 수축되었다. 이로써 전자기파의 발견이 생물학적 사건이 되는 것이다.

매클루언의 지구촌 아이디어는 아인슈타인의 특수상대성이론으로 뒷받침된다. 특수상대성이론은, 속도를 높여 가며 빛의 속도를 따라가다 보면 시간이 점점 느리게 가고 공간이 수축된다. 그러다 빛의 속도와 같게 되면 시간이 정지하고 공간의 제약이 사라진다. 전기의 속도가 빛의 속도와 같으므로, 전자 매체는 전기의 속도에 의해 광활한 지구의 공간을 촌락 수준으로 수축해 놓았다. 공간의 제약이 사라진 것이다. 지구촌은 메타포가 아니라 과학이다. 이것이 매클루언이 파악한 미디어 생태계의 진상이며, 여기까지 인식할 수 있어야 매클루언이 강조한 '미디어의 이해'에 도달할 수 있고, 미디어 생태학도 제자리를 찾을 수 있는 것이다.

한편 《구텐베르크 은하계》에서 샤르댕을 인용한 섹션의 제목이 "새로운 전자적 상호의존성은 세계를 지구촌 이미지로 재창조했다"이다(McLuhan, 1962, 36). 여기서 전자적 상호 의존성(electronic interdependence)은 전자 매체의 기능을 상정하는 것이다. 전자 매체는 전기의 속도로 메시지를 주고받는다. 따라서 전자 매체에 의해 새롭게 연결된 세계가 지구촌이라는 이미지로 재창조되었다는 의미다. 매클루언은 《미디어의 이해(Understanding Media)》에서 전자(electronic)와 전기(electric)를 구분해서 표현했다. 미디어를 의미할 때는 전자(electronic)라 하고, 전기의 속도를 강조할 때는 전기(electric)라고 한 것이다.

매클루언이 《미디어는 마사지다(The medium is massage)》에서 전기회로(electric circuitry)는 시간과 공간의 지배 체제를 전복시켰고, 지구적 스케일로 대화를 다시 구성했다면서, 전기회로의 메시지는 정신적, 사회적, 경제적, 정치적 편협성을 종식하는 총체적 변화에 해당한다고 했다. 그래서 낡은 도시, 국가, 민족적 집단화는 쓸모없게 되었다고 했다(McLuhan & Fiore, 1967: 16). 이 책의 번역서는 전기회로(electric circuitry)를 '전자회로'로 옮겨 놓았다. 전기의 속도를 강조하는 의도의 용어 선택이므로 '전기회로'로 번역해야 맞다. 전기회로는 물론 방송을 지칭하는 것이다. 전기회로가 등장하기 전에 뉴턴의 역학이 절대적 권위를 갖고 지배했을 때에는 1차원의 시간과 3차원의 공간이 별개의 영역으로서 절대적 위상을 갖고 있었다.

그러나 아인슈타인의 발견에 따라 1차원의 시간과 3차원의 공간은 별개가 아니라 결합된 4차원의 시공간으로 정정되었다. 아인슈타인은 인류가 4차원의 시공간에 살고 있다는 사실을 증명했다. 전기회로가 시간과 공간의 지배 체제를 전복했다는 말은, 전기의 속도에 의해 뉴턴 체제가 전복되었다는 의미인 것이다. 이렇게 새로운 성격의 미디어가 등장하면 기존의 패러다임을 전복하는 근본적이고 총체적인 변화를 가져온다. 자연과학을 포함해서 융합적 지식으로 무장한 매클루언의 통찰을 온전히 이해하고 적용하는 것이 미디어 생태학의 기본이 되어야 할 것이다.

매클루언은 단순히 미디어 비평을 한 게 아니라 미디어의 속성을 과학적으로 규명하고 설명했다. 매클루언은 자신의 통찰을 설명하기 위해 생물학과 생리학, 물리학 등 자연과학의 이론을 총동원했다는 사실을 직시하고 미디어 생태학을 새롭게 구성해야 할 것이다.

매클루언의 미디어 이론과 자연과학

매클루언은 양자물리학의 개척자인 하이젠베르크(Werner Heisenberg)가 중국의 현자인 장자(莊子)의 견해에 동의하면서 한 말을 인용하면서, 기술적 변화는 삶의 습관뿐 아니라 사고와 가치의 평가까지 바꾼다는 사실을 지적했다. 하이젠베르크를 감화시켰던 이 일화는 뉴턴이나 애덤 스미스를 감화하지는 못했을 것이라고 했다. 왜냐하면 그들은 위대한 전문가로서 단편적인 것과 전문가적인 접근을 옹호하기 때문이라는 것이다. 그리고 새로운 미디어와 테크놀로지는 엄청나게 중요한 수술과 같은 것으로서 변화가 일어나는 것은 부분이 아니라 전체 시스템이라는 점을 강조했다(McLuhan, 2003:

94~95). 전문주의를 배격하며 통합적으로 접근하는 매클루언의 성향을 드러내 주는 내용이다.

《구텐베르크 은하계》는 음성언어와 표음문자, 구텐베르크 인쇄술, 그리고 방송 매체의 차별성을 논하면서 미디어가 곧 메시지라는 사실을 과학적 근거에 따라 자세하게 설명한다. 매클루언은 이 책의 서문에서 인간 자율성의 참된 증거를 낳는 사회적 변화의 주요 요인을 밝히는 것이 책의 목적이라며, 연구 방법으로 프랑스의 생리학자 베르나르(Claude Bernard)의 《실험 의학 서설(An Introduction to The Study of Experimental Medicine)》을 꼽는다. 그리고 영국의 신경생리학자 영(John Zachary Young)의 《과학에서 의혹과 확실성(Doubt and Certainty in Science)》에서 "자극의 효과는, 외적이든 내적이든, 뇌의 어떤 부위나 전체에 걸쳐 행동의 조화를 해체하는 것"이라는 내용을 인용한다(McLuhan, 1962: 4). 아직 뇌 과학이 발전하기 전이지만, 신경생리학의 이론에 따라 외부의 자극에 대한 뇌의 활동에 주목하는 것이다. 영은, 앨런 튜링이 1950년에 발표한 논문 "연산기계와 지능(Computing Machinery and Intelligence)"에서 기계도 사고할 수 있는지 물은 튜링 테스트를 제안했을 때, '뇌에 대한 한 생물학자의 숙고(A Biologist's

Reflection on the Brain)'라는 제목으로 강연을 했다. 영은 7회의 강연을 통해 뇌에서 정보가 지니는 중요성을 조명하며 노버트 위너가 제기한 뇌와 행동에 관한 새로운 관점을 대중화하기도 했다(Cobb, 2020: 274). 데카르트 이래 유행했던 육체와 영혼의 이분법을 극복하며 인간의 의식 활동이 뇌의 기능이라는 사실을 밝혀 가는 과정이었던 것이다.

그뿐만 아니라 프랑스의 이론물리학자 드 브로이(Louis de Broglie)가 데카르트와 뉴턴을 비판한 《물리학에서의 혁명(The Revolution in Physics)》을 인용하기도 한다. 매클루언은 《구텐베르크 은하계》와 《미디어의 이해》 등 저서에서 뉴턴의 역학과 기계적 결정론을 비판하면서 전자기학과 양자역학, 그리고 상대성이론을 주요 논거로 삼는다.

문자 이전 시대의 청각적 음성언어, 시각적 표음문자, 전자 매체의 차이에 대해서는 캐러더스(J. C. Carothers)가 《정신의학(Psychiatry)》에 기고한 글을 근거로 설명하기도 한다. 이를테면 문자에 의존하는 서양의 아이들은 뉴턴 역학에 따라 시간과 공간의 관계 및 기계적 인과관계에 따라 사고하는 반면에, 청각적인 말에 의존하는 아프리카 어린이들은 비교적 감성이 충만한 교육을 받는다는 식이다(McLuhan, 1962: 23). 또한 어느 하나의 감각이 강조되면 감각들 사이의 비율이 바뀌게 된다는 점도 강조한다(McLuhan, 1962: 29).

매클루언은 양자역학의 창시자 중 한 사람인 하이젠베르크를 호의적으로 인용하면서 뉴턴을 비판한다. "현대의 물리학자들은 데카르트와 뉴턴의 전문화된 시각적 공간을 포기할 뿐만 아니라 비문자 세계의 섬세한 청각적 공간에 재입장한다"는 지적이다(McLuhan, 1962: 35). 현대물리학은 상대성이론과 양자역학을 의미한다. 데카르트와 뉴턴의 고전물리학, 문자 시대, 전문주의, 시각적 절대공간, 선형 등을 배격하며 현대물리학을 배경으로 음성언어, 청각적 · 상대적 · 비유클리드적 시공간, 비선형을 강조하는 것이다. 매클루언은 이렇게 자연과학의 성과를 바탕으로 미디어 이론을 구축했다.

미디어가 메시지다

매클루언은 미디어가 바뀌면 감각 비율과 지각 패턴이 바뀐다는 점을 시종일관 강조했다. 사람들의 감각 비율과 지각 패턴에 영향을 미치고 궁극적으로 사회를 변화하게 만드는 것은 메시지가 아니라 미디어라는 사실을 강조하는 말이다. 메시지가 아니라 미디어가 바뀔 때 나타나는 현상에 대한 언급이다. 혹자는 미디어의 형태에 따라 메시지에 영향을 미치고 결과적으로 인간과 사회가 변화한다는 의미로 해석하는데, 그건 아니다. 그건 여전히 매스컴 효과 이론의 관점일 뿐이다. 미디어가 메시지라는 말은, 미디어는 메시지와 관계없이 인간과 사회에 영향을 미친다는 것, 미디어는 그런 메시지를 내포하고 있다는 것이다. 지배 계층의 교통수단이었던 가마와 말의 시대를 지나 기차와 자동차, 비행기 등이 등장하면 사람들의 동선과 생활이 바뀌고 사회 전체가 바뀐다. 이 교통수단들이 '무엇을 싣고 다니느냐'와는 무관한 일이다. 매클루언은 그 점에서 메시지의 효과를 강조하는 미국의 매스컴 효과 이론을 신랄하게 비판했던 것이다.

매스 미디어의 효과를 설명하는 SMCR 모델이 있다. 송신자(Sender)가 메시지(Message)를 미디어(Channel)를 통해 수신자(Receiber)에게 보내면 되먹임(feedback)으로 돌아온다는 구도다. 이 모델에서 핵심은 메시지다. 다른 모델들도 대동소이하다. 매스컴 효과 이론에서도 주체는 메시지다. 메시지가 수신자에게 미치는 효과를 측정하는 것이 매스컴 효과 이론의 전부라 해도 과언이 아니다. 메시지 대신에 커뮤니케이션 채널로서의 미디어에 주목한 연구자는 없었다. 그것을 영문학자인 매클루언이 해낸 것이다. 그러나 그 함의를 정확하게 이해하는 사람은 드물다. 대개 미디어가 메시지에 미치는 영향이라고 자의적으로 해석한다. 메시지 중심의 사고방식에서 벗어나지 못하는 것이다. 그래서 매클루언은 사회가 언제나 커뮤니케이션의 내용보다는 미디어의 본성에 의해 형성되어 왔으며, 따라서 미디어의 작동에 관한 지식이 없으면 사회적 · 문화적 변화를 이해할 수 없다고 했다(McLuhan & Fiore, 1967: 8). 그것이 진정한 '미디어의 이해'가 되는 것이다.

문자 문명은 미개인이나 부족들에게 귀 대신 눈을 제공했고, 지금은 전자적 세계와 대립하고 있다고 한다(McLuhan, 1962: 30). 음성언어는 청각이 발달하도록 만들었는데, 표음문자로 이룬 문명은 청각 대신 시각이 발달하도록 했다. 그리고 전자 매체는 청각적이기 때문에 문자 문명과 대립하게 되는 것이다. 오랫동안 시각적인 문자 문명에 익숙해져 있기 때문에 전자 매체 시대가 되었음에도 쉽게 바뀌지 않고 있는 것이다. 이처럼 미디어로 인해 메시지와 관계없이 사회가 변화한다. 전자 매체로 인한 변화는 인터넷이 등장한 이후부터 급격하게 나타나기 시작했다. 문자 문명을 대표하는 신문의 시대가 막을 내리기 시작했던 것이다.

문명을 일으키는 것은 표음문자에만 해당하고 표의문자는 해당하지 않는다고 했다. 표의문자를 사용하는 중국은 서구 사회의 문화보다 더 세련되었고, 중국 사람들은 청각적이고 부족적이라고 한다(McLuhan, 1962: 31). 그러나 그 후 중국은 표의문자인 한자를 표음문자식으로 개조했다. 기존 한자를 번거롭다는 의미의 번체(繁體)로 간주해서 쉽게 익힐 수 있는 간체(簡體)로 바꾸고, 영어식 알파벳 발음을 따르는 병음(拼音)을 만들어 냈다. 이는 중국인들의 태도와 가치관, 그리고 중국 사회에 큰 변화를 가져왔다. 이 사례도 미디어가 메시지로서 사람들의 감각과 지각을 바꾼다는 사실을 보여 주었다.

매클루언은 문화 생태학이 인류의 감각 중추에서 합리적으로 안정된 기반을 가지고 있으며, 기술적 팽창에 의한 감각 중추의 확장은 모든 감각들 사이에서 새로운 비율과 균형을 설정하는 데 꽤 눈에 띄는 영향력을 지니고 있다고 제안했다. 언어는 우리들의 모든 감각을 일거에 팽창시킴으로써 구성된 테크놀로지의 형식으로서, 기술적으로 확장된 감각의 충격이나 개입을 즉각적으로 받게 된다는 것이다. 즉 글은, 형태론과 구문론뿐만 아니라 발음법과 사회적 이용에서도, 스피치에 직접적으로 영향을 미친다는 점이다(McLuhan, 1962: 41). 매클루언은 생태학이라는 말을 여기서 유일하게 언급했다. 이 부분은 매클루언이 미디어 생태학을 제안하려 했다면 어떤 방향이 될지 예측할 수 있게 해 준다. 미디어 문화에 대한 감상적 혹은 인상적 비평이 아니라 생태학과의 융합이 되어야 한다는 사실을 보여 주는 것이다.

《구텐베르크 은하계》의 이후 부분은 대부분 음성언어 시대에 대비한 표음문자 및 인쇄술에 대한 비판을, 여러 문학이나 철학 서적들을 배경지식으로 해서 서술했다. 그 가운데 특기할 만한 것은 프랑스의 기계공학자 길보(G. T. Guilbaud)의 저서 《인공두뇌학이란 무엇인가?(What is Cybernetics?)》를 소개한 것이다(McLuhan, 1962: 175). 1960년에 출판된 길보의 이 저서는 1948년에 출판된 위너(Nobert Wiener)의 《인공두뇌학(Cybernetics)》을 뒷받침하는 내용으로 되어 있다. 다른 한편으로 영국의 시인 블레이크(William Blake)도 인용한다. 블레이크의 시가 감각 비율이 변하면 인간도 변한다는 사실을 명백하게 보여 준다고 했다. 즉 어떤 하나의 감각이나 신체적 기능 혹은 정신적 기능이 기술적 형식으로 외형화될 때 감각 비율이 변한다는 것이다(McLuhan, 1962: 299). 인용된 블레이크의 시다.

지각 기관이 다르면, 지각의 대상들도
다른 것으로 보인다:
지각 기관이 닫혀 있으면, 그 대상들도
닫혀 있는 것으로 보인다.

참고문헌

Cobb, M.(2020). *The idea of the brain.* 이한나 옮김(2021). 《뇌 과학의 모든 역사》. 도서출판 푸른숲.

Harari, Y. N.(2024), *Nexus: A brief history of information networks from the Stone Age to AI.* 김명주 옮김(2024). 《넥서스: 석기시대부터 AI까지, 정보 네트워크로 보는 인류 역사》. 김영사.

Harvey, D.(1989). *The condition of post-modernity.* 구동회·박영민 옮김(1994). 《포스트 모더니티의 조건》. 한울.

Knoll, A. H.(2003). *Life on a young planet: The first three billion years of evolution on Earth.* 김명주 옮김(2007). 《생명 최초의 30억 년: 지구에 새겨진 진화의 발자취》. 뿌리와이파리.

Lovelock, J. E.(1995). *GAIA: A new look at life on Earth.* 홍욱희 옮김(2004). 《가이아: 살아있는 생명체로서의 지구》. 갈라파고스.

Lum, C. M. K.(2006). *Perspectives on culture, technology and communication: The media ecology tradition.* 이동후 옮김(2008). 《미디어 생태학 사상: 문화, 기술, 그리고 커뮤니케이션》. 한나래.

Margulis, L. & Sagan, D.(1986). *MICROCOSMOS.* 홍욱희 옮김(2011). 《마이크로 코스모스》. 김영사.

McLuhan, M.(1962). *The Gutenberg Galaxy.* University of Toronto Press.

McLuhan, M. & Fiore, Q.(1967). *The medium is the massage.* Gingko Press.

McLuhan, M.(2003). *Understanding media: The Extentions of Man.* In Gordon, W. T.(ed.). Ginko Press.

Postman, N.(1985). *Amusing ourselves to dead.* 혹윤선 옮김(2009). 《죽도록 즐기기》. 굿인포메이션.

Postman, N.(1988). *Conscientious objections.* 손화철 역(2016). 《불평할 의무》. 씨아이알.

Reeves, C.(2005). *The language of science.* 오철우 역(2010). 《과학의 언어》. 궁리.

Walters, H.(2024). Generative Artificial Intelligence and the world postman warned Us about. *Exploration in Media Ecology, 23*(2), pp.121~133.

01
미디어 생태계의 역사

미디어의 역사는 언어의 사용으로부터 시작해 문자, 인쇄술, 전자 미디어로 발전해 왔다. 새로운 미디어의 등장은 그때마다 인류 사회 전체를 바꾸는 원동력이 되었다. 지금은 전자 미디어의 연장으로서 AI의 시대가 본격적인 막을 올렸다. 좁은 의미의 미디어 생태계에서 벗어나 전체 생태계 차원에서의 상호작용을 살펴보기로 한다.

기후 위기와 인공지능?

인류의 두뇌 용량이 3000년 전부터 급격히 줄어들기 시작했다고 한다. 그 이유는 인류가 지식을 외부에 저장하게 됨으로써 뇌의 에너지 소비를 축소하는 방향으로 진화한 결과라는 것이다. 미국 다트머스대학교 제러미 데실바(Jeremy DeSilva) 교수 등 인류학 · 진화 생물학 · 신경 과학 등 여러 분야에 걸친 연구자들이 과학 저널 《생태학 및 진화 최전선》에 게재한 논문에 제시한 가설에서 밝힌 내용이다(한겨레신문, 2021).

'정보의 외장화'라는 것은 문자의 발명과 사용을 의미한다. 인류 최초의 문자가 BC 3500년경 나타났다고 하니 지금으로부터 5천 년 전을 전후로 해서 인류의 문자 사용은 널리 확대되었을 것이다. 이 논문에서 인류의 두뇌 용량이 3천 년 전부터 급격히 줄어들기 시작했을 것이라고 하니, 문자의 사용으로부터 2천 년이 지나는 동안 진화가 가속했을 것이라고 짐작할 수 있다. 문자의 사용과 뇌 용량의 변화가 관련이 있다는 사실이다. 기억에 의존할 때와 달리 문자의 기록이 기억을 대신해 줄 때, 뇌의 부담이 줄어들면서 용량이 줄어들었을 것이라는 점이다.

세이건(Carl Sagan)은 문자의 발명 덕분에 인류는 비교적 짧은 기간에 새로운 행동적 · 문화적 길을 개척할 수 있는 풍부한 기회를 갖게 되었다고 술회한 바 있다(Sagan, 1977: 11~12). 세이건은 도서관을 '기억의 대형 물류 창고'라고 하면서 문자 기록이 없었다면 지나간 23세기가 끔찍하고 길었을 것이라고 평가했다(Sagan, 1980: 550).

> "생존에 필요한 정보 전부를 유전자에 저장할 수 없을 정도로 그 양이 증가하자 진화는 서서히 두뇌를 새로 만들기 시작했다. 그리고 세월이 또 어느 정도 흘러 지금으로부터 대략 1만 년 전쯤부터는 사람이 살아가는 데 필요한 정보의 양이 새로 만든 두뇌로도 쉽게 보관할 수 없을 정도로 크게 늘어났다. 진화가 그다음에 택한 방책은 육체 바깥에다 필요한 정보를 저장해 두는 것이었다. 현재까지 알려진 바에 따르면 생존에 필요한 정보를 유전자나 뇌가 아니라 별도의 공영 저장소를 만들어 그곳에 보관할 줄 아는 종은 지구상에 인류뿐이라고 한다. 이 '기억의 대형 물류 창고'를 우리는 도서관이라고 부른다."(Sagan, 1980: 557)

두뇌를 새로 만들기 시작했다는 말은 뇌의 용량이 증가했다는 의미일 것이다. 그러다가 문자의 발명으로 다시 뇌의 용량이 줄어들었다는 얘기다. 그런데 지배계급이 문자의 사용을 독점한 상태에서 2천 년이라는 세월이 뇌의 진화를 가져오는 데 충분했을까 하는 의문이 남는다.

미국 MIT대학교가 중심이 된 국제 연구진이 인간 유전체를 비교 분석하는 방법을 통해 언어의 뿌리를 추론한 결과, 인류의 독특한 언어 능력은 13만 5천 년 이전에 나타났으며, 10만 년 전부터 사회적 소통 수단으로 자리 잡았다고 한다(한겨레신문, 2025). 《지능의 기원(A Brief History of Intelligence)》의 저자인 맥스 베넷(Max Bennett)은 조각품, 동굴 미술, 장신구 등 언어가 있어야만 나타날 수 있는 증거가 10만 년 전 즈음에 등장한다는 점에서 언어가 적어도 10만 년 전에 존재했을 것이라고 추정한다(Bennett, 2023: 441). 베넷은 언어의 등장은 DNA의 등장만큼이나 기념비적인 사건으로, 인류의 역사에서 변곡점에 해당한다고 했다(Bennett, 2023: 413).

원시인류는 무리를 지어 살면서 구성원이 많아질수록 소통의 수요가 증대되었을 것이다. 호모 사피엔스의 역사를 20만 년으로 잡을 때, 언어 능력이 나타나기까지 6만 5천 년이 필요했을 거라고 유추할 수 있다. 그 후로 3만 5천 년이 지나 언어가 사회적 소통 수단으로 자리를 잡았을 것이라는 얘기다. 언어를 사용하면 기억의 부담을 경감하는 데 도움이 되고, 구성원들이 기억의 부담을 나누어 담당하기도 했을 것이다. 그렇다면 수만 년 동안의 언어 사용에서부터 뇌의 부담이 경감되면서 문자의 발명이 기폭제가 되어 뇌 용량의 축소가 가속되었을 것으로 추측할 수 있겠다. 중요한 것은 언어와 문자의 사용이 인간의 두뇌 용량이 줄어드는 진화를 촉발했다는 사실이다.

언어와 수, 그림을 거쳐 결정적으로 문자의 사용으로 뇌의 용량이 축소되었다

초기에는 뇌가 할 일이 많아 그 용량이 증대되는 과정을 밟았을 것이다. 그러다가 구성원이 50명, 100명으로 증가하면서 어휘가 늘어나고 급기야 문장을 말하기 시작했을 것이다. 그 결과 터득한 지식을 구성원들이 나누어 기억하게 되면서부터 뇌의 부담이 다소 줄어들었을 것이다. 그 과정에서 수를 사용하고, 나아가서 열 손가락을 이용해 수를 세는(finger counting) 단계에 이른 것도 뇌의 부담을 줄여 주었을 것이다(Dantzig, 1954: 29).

늑대의 뼈에 수를 기록해 놓은 게 BC 3만~BC 2만 5천 년이라고 한다. 주역의《계사전》에는 수를 사용한 기록이 있다(紀志剛, 2009: 16). 그리고 그림을 거쳐 BC 3500년을 전후한 시기에 드디어 각 문명권에서 문자가 발명되었다. 다트머스대학교와 MIT대학교 교수들의 연구가 맞다면, 10만 년 전부터 잘 발달된 언어를 사용하고 그 후 셈을 하게 되고 그림을 그리는 과정을 거쳐 결정적으로 문자를 발명하게 됨으로써 뇌의 용량이 축소되었다는 얘기가 된다. 미디어가 오랜 세월에 걸쳐 뇌의 진화에 영향을 끼쳐 왔다는 얘기다.

인류는 침팬지와 같은 조상으로부터 갈라져 나온 후 뇌의 용량을 지속적으로 키워 왔다. 뇌의 용도가 증가하면서 용량도 따라서 커진 것이다. 지금의 뇌 용량은 대개 1.4kg으로 뇌는 신체가 소비하는 에너지의 20%를 사용한다. 2%를 차지하는 무게로 그것도 최고급 에너지를 과다하게 소비하는 것이다. 지금보다 훨씬 무거운 용량이었을 때는 더 많았을 것이다. 그렇게 오랜 시기를 지나면서 언어와 문자의 사용으로 뇌의 역할이 줄고 용량도 줄어들었을 것이라는 얘기다. 새로운 미디어를 사용하게 됨으로써 나타난 변화다.

매클루언은 미디어의 역사를 음성언어, 문자, 구텐베르크 인쇄술, 전자 미디어로 분류해 서술했다. 미디어 생태계의 역사는 미디어 발달사 수준에서 탈피해, 인간의 본성에 대한 이해를 바탕으로 인간과 미디어의 공생과 공진화, 그리고 인간과 미디어를 둘러싼 생태계의 상호작용에 대해 종합적으로 서술해야 한다.

재러드 다이아몬드(Jared Diamond)의 대표 저서인 《총, 균, 쇠(Guns, Germs, and Steel)》는 대륙에 따라 다르게 나타난 인류 역사의 대서사에 해당한다. 역사학자들이 쓴 역사와는 사뭇 다르다. 다이아몬드는 "대부분의 역사학자는 자신을 과학자로 생각하지 않으며, 널리 인정받는 각종 과학이나 그 방법론들도 거의 배우지 않는다. 역사란 구체적 사실들의 집합에 불과하다는 생각이 여러 가지 표현에서 발견된다"라고 지적한다(Diamond, 1997: 615). 사실들을 모아 놓으면 스스로 말을 하게 된다는 실증주의 사학에 대한 비판이다. 벽돌들을 모아 놓는다고 집이 되지 않는 이치와도 같다. 역사학이 과학을 멀리하고 인문 교양에 머무른다고 했던 역사학자 카(Edward H. Carr)의 지적도 같은 인식이었다. 다이아몬드는 책의 말미에서 "인간 사회에 대한 역사적 연구도 공룡에 대한 연구에 못지않게 과학적일 수 있다"고 강조했다(Diamond, 1997: 622). 미디어 생태계의 역사도 과학적일 수 있고, 과학적이어야 한다.

먼저 살펴볼 것은 인간이 어떻게 해서 말을 하게 되었

는지, 말을 하면서 인간들에게 어떤 변화가 나타났는지에 대한 것이다. 어째서 많은 동물들 가운데 인간만이 말을 할 수 있게 되었을까? 언어는 인류 최초의 미디어이며, 그 후 문자와 인쇄술을 거쳐 전자 미디어로서 방송으로부터 AI에 이르기까지 새로운 미디어가 등장했어도 자연스럽게 가장 많이 사용하는 미디어다. 그럼에도 언어는 미디어 연구자들이 거의 관심을 갖지 않는 영역에 해당한다. 그것은 언어학의 영역이라는 분과 학문적 전문주의의 발상일 것이다. 언어학에서 언어의 기원에 대해 관심을 갖게 된 것도 최근의 일이다. 언어의 발생에 대한 관심은 언어학에 머물지 않는다. 진화론, 인류학, 유전학, 심지어 물리학까지 동원된다(Kenneally, 2007: 21).

언어는 진화에 의해 정교하게 설계된 생물학적 본능의 산물

촘스키는 언어 기관 내지는 언어 유전자에 해당하는 보편문법이란 개념을 통해 어린아이의 언어 습득에 대한 새로운 접근법을 제시했다(Chomsky, 1957: 30). 실제로 아이들은 문법을 배우기 전부터 단어를 익히고 차차 단어들을 연결해 문장을 구사한다. 인류의 조상들이 말을 하게 된 과정도 그랬을 것이다. 오늘날 언어 유전자와 관련해 뇌 과학에서 밝혀진 사실은, 언어를 담당하는 베르니케 영역과 브로카 영역이 좌뇌에 있다는 것, 그러나 하나의 영역이 전담한다기보다는 대뇌 피질의 여러 영역에 분산되어 있으면서 상호 연결되어 있다는 사실이다. 인지심리학자 스티븐 핑커(Steven Pinker)는 언어를 인간 뇌의 생물학적 구조의 일부라고 했다(Pinker, 1995: 24). 인간이 진화하면서 뇌도 더불어 진화한 결과 말을 하게 되었다는 것이다.

언어는 뇌의 여러 장소에서 여러 작용을 통해 발생하는 고차원의 인지 기능이며, 많은 유전자 설정이 상호 조율된 결과로 발생하며, 유전자 설정은 우리의 언어 학습 능력을 가능하게 하는 일정한 능력과 행위의 기초가 되는 한 벌의 육체적, 지각적, 개념적 성향으로 드러난다(Kenneally, 2007: 23). 언어는 다른 동물들과 달리 뇌에서 담당하는 영역을 갖는 특성을 보이기도 하고, 특히 인간의 언어는 유전적으로 가장 가까운 침팬지의 언어와 완전히 동떨어진 현상도 아니라고 볼 수도 있다.

인지 신경 과학자로서 뇌의 지각 기능을 연구하는 푸스테르(Joaquin M. Fuster)는, 대뇌 피질에서 지식 표상을 총칭하는 코그니트(cognit)의 그물망 구조가 학습이나 과거 경험에 의해 서로 연합되어 온 지각 또는 동작의 기본 표상으로 이루어진다고 한다. 코그니트는 모든 인지 작용의 구조적 기질이다. 그 가운데 필수 문법 지식에 해당하는 코그니트는 유전적으로 타고난다(Fuster, 2003: 39~40). 푸스테르에 따르면, 촘스키가 주장한 보편문법은 유전적으로 타고난 기능이 되겠다. 핑커는 "눈이 그러하듯 언어를 하나의 진화적 적응으로 간주하고, 그 주요 구성 부분들은 중요한 기능들을 수행하도록 디자인되었다고 보는 것이 타당하다"고 주장했다(Pinker, 1995: 30).

언어학자 케널리(Christine Kenneally)는 구조를 갖춘 의사소통이 가능하려면 일정한 유전자가 필요하고, 언어가 커다란 위치를 차지하는 인류의 의사소통도 어느 정도 동일한 유전적 토대를 공유한다고 했다(Kenneally, 2007: 298). 그는 또한 뇌의 특정 부위가 언어를 담당하는 게 아니라 언어를 담당하는 분위는 뇌 전체에 분산되어 있는 가운데 복잡한 작용은 시냅스로 연결된 다양한 뉴런들의 집합에 의해 결정되며, 더불어 유전자와 경험의 상호작용에 따른다는 점을 강조했다. 유전적으로 언어를 담당하는 타고난 신경회로와 후천적 경험의 상호작용이라는 것이다. 정리하면 인간의 진화 과정에서 유전자의 작용으로 뇌에서 언어를 담당하는 유전자와 부위들이 자리를 잡았고, 유전자들은 자신들이 구성하는 유기체의 경험에 반응하고 다른 유전자나 환경의 영향을 받으며 언어를 구사할 수 있게 되었다는 것이다.

언어를 사용하게 되면서 소통이 원활해짐은 물론이고 사유의 폭이 점점 더 넓어지고 깊어졌을 것이다. 매클루언의 진단이다. "말하는 것은 인간을 인간으로부터 분리하고, 인류를 우주의 무의식으로부터 분리하는 작용을 한다. 우리의 모든 감각들을 동시에 확장 혹은 발화(혹은 외재화)한 것으로서, 언어는 항상 인간의 가장 풍부한 기술 형식인 것으로 유지되어 왔으며, 인간을 다른 동물들과 구별되게 했다(McLuhan, 2003: 113). 언어는 이렇게 특정 분야의 사유를 제한하기도 하지만, 장점이 훨씬 더 많다. 언어를 사용하게 됨으로써 원시인류는 사냥과 채집 노동의 효율이 높아져 생산력이 향상되었을 것이다. 생산력이 향상되면 인구가 늘어나고 그만큼 공동체 사회도 발전하게 된다. 언어는 모두 존재하는 대상과 1대 1 대응 관계를 갖는 것은 아니다. 신이라든지 종교, 마법사와 같이 존재하지 않는 허구를 지어낸 것도 언어의 소산이다(Harari, 2024: 9).

다윈은 《인간의 유래와 성 선택》에서, 어린아이들에

게 술을 빚고, 빵을 만들고, 글을 쓰려는 본능적 경향은 없지만, 언어는 분명한 진화의 산물이라고 했다. 언어는 진화의 산물로서 유전자에 새겨진 본능이라는 것이다. 핑커는 다윈에 동의하면서 언어가 정교하게 설계된 생물학적 본능의 산물이라고 규정한다(Pinker, 1995: 26). 신체 기관과 마찬가지로 언어는 하나의 진화적 적응으로서, 그 주요 구성 부분들은 중요한 기능들을 수행하도록 디자인되었다고 보는 것이 타당하다는 생각이다(Pinker, 1995: 32). 물론 케닐리의 설명처럼 특정 부위가 하나의 기능만 수행하는 건 아니다. 프랑스 연구자 기슬랭 데하네-랑베르(Ghislaine Dehaene-Lambertz)는 기능성 자기공명영상(fMRI)으로 갓 태어난 아이들의 뇌를 관찰한 결과, 아주 어린 아이들이 성인들이 사용하는 것과 동일한 두뇌 회로를 가지고 언어를 처리한다는 확신을 갖게 되었다고 강조한다. 신생아들도 이미 언어를 배우고 발달하기 위한 기본 회로를 갖추고 있음을 짐작할 수 있다는 것이다(Brynie, 2009: 283~285). 촘스키의 보편문법을 뇌의 관찰로써 증명하는 대목이다.

미디어가 메시지라는 차원에서 언어에 대한 과학적 인식은 중요하다. 언어를 그저 소통의 수단으로 간주하기보다는 미디어로서 언어의 본질을 파악해야 한다. 언어는 문자가 등장하기 훨씬 오래전부터 인류 사회와 역사를 견인해 왔다. 언어 덕택으로 인류는 협동해서 계획을 세우고, 문화를 전수하고, 타인으로부터 다른 지역에서나 과거에 경험한 것을 배울 수 있는 것이다. 사냥이나 농사의 방법을 말로써 전달하는 것이 훨씬 더 효율적임은 물론이다. 그 점에서 재러드 다이아몬드는 인간의 역사에서 기술 혁신과 예술이 출현한 단계로서 대약진이 가능했던 것은 바로 음성언어의 출현 때문이라고 평가했다(Diamond, 1993: 212).

말은 쉽고 글은 어려운 까닭

문자는 대략 5000년 전 인류 문명의 발상지를 중심으로 등장했다. 문자의 사용이 곧 문명의 시작이었다. 언어와 문자 사이에 그림이 있었음은 물론이다. 언어를 기록해 두려는 의지적 노력이 회화를 거쳐 문자의 발명으로 나타났다. 청각적 언어에 뒤이어 시각적 문자가 등장한 것이다. 문자는 뇌의 저장 기능을 보조하는 중요한 역할을 한다. 그럼으로써 기억력이 감퇴하기도 하고, 반면에 뇌를 다른 용도로 사용할 수 있게 해 준다. 에너지 소비가 줄어듦으로써 다른 신체 부위가 혜택을 받았음은 물론이다.

미디어가 바뀌면 감각 비율과 지각 패턴이 바뀐다는 매클루언의 주장을 과학적으로 검증해 볼 필요가 있겠다. 우선 직관적으로 짐작할 수 있는 것은 말은 쉽고 글은 어렵다는 사실이다. 왜냐하면 생산력이 증대되고 인구가 늘어남으로써 어휘가 늘어나고 문장까지 구사하는 발전을 해 오는 수십만 년 동안 언어는 유전자에 새겨진 본능이 되었다. 그러나 문자의 발명은 불과 5천 년이다. 게다가 문자는 계급 지배의 수단이 되어 소수 지배계급의 독점이 되었다.

일반 대중이 문자를 익히게 된 것은 200년 정도에 불과하다. 우리나라의 경우 일제 강점기의 문맹률이 80%였다. 이것만 보아도 음성언어와 문자를 대하는 태도에 차이가 있을 수밖에 없을 것이라는 점을 쉽게 이해할 수 있다. 언어는 유전자에 새겨진 본능이지만, 문자는 선천적 신경회로가 형성되지 않아 애써 배워야 한다. 말은 쉽고 글은 어려운 까닭이다. 예를 들어 문맹률이 높던 시절 글을 배우지 못한 사람들도 말은 잘했다. 매클루언은 다양한 분야의 과학적 진술들을 동원해 자신의 가설을 입증하려고 했다. 그리고 최근에는 뇌 과학의 발달에 힘입어 추가의 입증이 가능해지기도 했다.

일단 지각과 감각을 담당하는 뇌의 활동을 살펴볼 필요가 있겠다. 뇌의 중심에 위치한 시상(視床)은 대뇌피질과 감각신경 또는 운동신경을 연결해 준다. 시상은 몸의 각 감각기관에서 감지한 시각 정보와 청각 정보를 대뇌피질로 중계해 준다(조장희 · 김영보, 2014: 23). 시상의 주요 기능은 인지 기능과 감각 정보의 처리, 의식 조절 등이다. 후각을 제외한 시각, 청각, 촉각, 통각 등 모든 감각 정보는 시상을 거쳐 대뇌피질로 전달된다. 대뇌의 시각중추와 청각중추가 시상과 연결되어 있는 가운데 정보를 처리하는 것이다.

책이나 신문을 읽을 때와 라디오나 TV를 시청할 때 뇌의 반응이 다르리라는 것은 짐작할 수 있다. 뇌 과학 차원에서 양전자 방출 단층촬영(PET)이나 기능성 자기공명영상으로 뇌를 관찰하면 그 차이를 확인할 수 있을 것이다. 뇌는 또한 변화된 환경에 적응해 스스로 변화하는 가소성을 발휘하기도 한다. 푸스테르는 '코그니트'라고 명명한 지식의 그물망이 피질에 있다고 말한다. 나아가서 피질망 구조의 감각 성분과 운동 성분은 일차 감각 피질과 일차 운동 피질이라는 위치에서 표상되고 이 피질들은 대부분 개인차가 없다고 한다(Fuster, 2003: 41).

인류는 언어를 사용하기 전에는 자음만 발음하면서

목소리의 고저장단과 신체의 동작으로 소통을 했을 것이다. 그러다가 불의 발견과 더불어 음식을 익혀 먹게 되고, 직립보행을 하면서 체형에 변화가 오고 구강 구조가 바뀌며 조음기관이 발달하게 된다. 이로써 모음을 발음하게 됨에 따라 자연스럽게 음성언어가 등장하게 되었을 것이다. 언어의 자연스러운 구사는 세상에 대한 인식과 사유, 사회생활에 획기적인 변화를 초래했을 것이다. 이 생활이 오래되다 보면 인구가 많아지고 생산력이 증대되면서 기록의 필요성이 점점 절실해지게 되었고, 동굴벽화나 암각화 등 그림이 등장하고, 그림이 문자가 되었다. 호모 사피엔스는 얼추 13만 년을 음성언어로 소통하면서 1만 1천여 년 전 신석기시대로 진입했고, 5천 년 전 문자를 발명하게 된다. 청각 중심 시대에서 시각 중심 시대로 전환된 것이다. 그리고 활자 시대를 거쳐 구텐베르크에 이르러 인쇄술이 등장하게 된다. 인쇄술로 인해 인류 사회가 획기적으로 변화한다.

중국은 경제는 물론이고 종이의 발명과 인쇄술 측면에서 유럽을 압도했다. 그러나 구텐베르크 인쇄술은 유럽의 지적 전통을 새롭게 형성하면서 경제와 과학, 문명에서 동양을 앞서는 역전의 발판을 마련해 주었다. 정체된 봉건제 사회를 붕괴하면서 과학혁명과 부르주아 시민혁명으로 질주할 수 있게 만든 것이다. 구텐베르크 인쇄술은 책이나 문서를 대량으로 인쇄해 지식과 정보의 대중적 보급을 가능하게 함으로써 지적 전통에 큰 변화를 가져왔다. 오랜 세월 동안 동양에 뒤처졌던 서양 사회가 구텐베르크 인쇄술로 역전의 발판을 마련하게 된 것이다.

AI 혁명과 새로운 사회

중국의 사례를 다시 짚고 넘어가도록 한다. 중국은 기존 한자를 번거롭다는 의미의 번체(繁體)로 규정하고 쉽게 익힐 수 있는 간체(簡體)로 바꾸고, 영어식 알파벳 발음을 따르는 병음(拼音)을 만들어 냈다고 했다. 그 결과 중국인들의 태도와 가치관, 그리고 중국 사회에 큰 변화를 가져왔다고 했다. 어떤 변화일까? 일단 표의문자로서의 정체성이 상당 부분 무너졌다. 그럼에도 단행한 것은 한자가 너무 어려워 교육에 지장을 초래한다는 점 때문이다. 루쉰은 "한자를 없애야 나라가 산다"고 했고, 마오쩌둥은 "글자를 바꿔야 사람을 바꿀 수 있다"고 했다. 그 결과 문맹을 극복하게 되었고, 알파벳식 병음 표기는 디지털 시대에 가장 잘 어울리는 조합이 됨으로써 AI 시대에도 뒤떨어지지 않고 발전하고 있다. 문자가 단순할수록

AI가 더 빠르고 정확하게 학습하고 생성할 수 있는 것이다. 이렇게 미디어는 사람을 바꾸고 나라를 살리는 역할을 할 수 있다.

다음은 방송으로 깃발을 올린 전자 미디어의 시대다. 대뇌피질에서 시각중추보다는 청각중추가 더 바빠지게 되는 것을 예상할 수 있다. 매클루언이 간파했듯이, 전자 미디어는 상대성이론 및 양자역학과 관련이 깊다. 특수상대성이론을 적용해 보면 지구촌이라고 할 만한 현상이 부각되며, 양자역학으로 트랜지스터 반도체가 개발되며 1950년대 전자 혁명의 시대를 열었다. 포터블 미디어를 가능하게 만든 첫걸음이기도 했다. 1970년대 PC의 등장, 1980년대 정보화 시대, 1990년대 인터넷의 등장, 2004년 페이스북과 2005년 유튜브에 이은 2007년 스마트폰의 등장, 그리고 2023년 생성형 AI인 GPT-4의 등장이다.

새로운 미디어가 등장할 때마다 지구촌은 요동을 쳤다. 특히 생성형 AI는 구텐베르크 인쇄술에 못지않은 미디어 혁명이다. 인쇄 미디어와 지상파 방송에 익숙한 4050세대와 스마트폰에 익숙한 2030세대 간에는 세계관의 간극이 있다. 여기에 GPT-4와 '제미나이(Gemini)'의 등장은 또다시 새로운 세상을 열었다. 2020년 코로나 사태가 터졌을 때, 코로나 전과 후는 완전히 달라질 거라고 했다. 실제로 완전히 달라졌다. 그 시기에 비대면 커뮤니케이션 테크놀로지들이 개발되어 코로나 이후 시대를 주도하는 중이다.

하라리는 근대 이후 제국의 등장이 산업 테크놀로지를 기반으로 하고 있음을 역설한다. 철도 건설에 앞서갔던 영국이 해가 지지 않는 제국을 건설했고, 미국과 러시아가 뒤를 따랐다(Harari, 2024: 511). 그리고 지금은 미국과 중국의 경쟁 구도 아래 AI를 무기로 한 디지털 제국의 건설에 열심이다. AI가 주도하는 정보 네트워크를 선점함으로써 세계 지배를 노리는 것이다. 군사력이 아닌 정보를 통해 지배하는 데이터 식민지를 만들 수 있다는 것이다(Harari, 2024:517). 미디어 생태계가 극심하게 요동을 치고 있는 중이다.

참고문헌

맹성현(2024). 《AGI 시대와 인간의 미래》. 헤이북스.
조장희 · 김영보(2014). 《뇌 영상으로 보는 뇌 과학》. 뉴턴코리아.
한겨레신문(2021. 11. 11). "인류, 3천 년 전부터 정보의 외장화로 뇌 용량 줄였다".
한겨레신문(2025. 4. 9). "인간의 언어는 언제 생겨났을까".
紀志剛(2009). 《數學的歷史》. 권수철 옮김(2011). 《수학의

역사》. 더숲.
Bennett, M.(2023). *A brief history of intelligence.* 김성훈 옮김(2025). 《지능의 기원》. 더퀘스트.
Brynie, F. H.(2009). *Brain sense: The science of the senses how process the world around us.* 김지선 옮김(2013). 《브레인 센스: 뇌주름에 새겨진 감각의 우주》. 뿌리와이파리.
Chomsky, N.(1957). *Syntactic structures.* 장영준 옮김(2016). 《촘스키의 통사구조》. 알마.
Dantzig, T.(1954). *Number: The language of science.* 권혜승 옮김(2008). 《수, 과학의 언어》. 한승.
Diamond, J.(1993). *The third chimpanzee.* 김정흠 옮김(1996). 《제3의 침팬지》. 문학사상사.
Diamond, J.(1997). *Guns, germs, and steel.* 김진준 옮김(1998). 《총, 균, 쇠》. 문학사상사.
Fuster, J. M.(2003). *Cortex and mind: Unifying cognition.* 김미선 옮김(2014). 《신경과학으로 보는 마음의 지도》. 휴먼사이언스.
Harari, Y. N.(2024). *Nexus: A brief history of information networks from the Stone Age to AI*. 김명주 옮김(2024). 《넥서스: 석기시대부터 AI까지, 정보 네트워크로 보는 인류 역사》. 김영사.
Kenneally, C.(2007). *The first word.* 전소영 옮김(2009). 《언어의 진화: 최초의 언어를 찾아서》. 알마.
McLuhan, M.(2003). *Understanding media: The extentions of Man.* In Gordon, W. T.(ed.). Ginko Press.
Pinker, S.(1995). *The language instinct.* 김한영 외 옮김(2004). 《언어 본능》. 동녘사이언스.
Sagan, C.(1977). *The dragons of Eden: Speculations on the evolution of human intelligence.* 임지원 옮김(2006). 《에덴의 용: 인간 지성의 기원을 찾아서》. 사이언스북스.

Sagan, C.(1980). *Cosmos.* 홍승수 옮김(2004). 《코스모스》. 사이언스북스.

02
저널리즘의 혁신적 변화와 철학

전통적인 저널리즘도 AI의 회오리를 피해 가지 못한다. 저널리즘의 생산과 내용에 변화가 불가피하기 때문이다. 변화에 적응해 가는 것은 당연한 일이다. 그럼에도 저널리즘의 본분은 변하지 않는다. 진실 보도와 객관성, 공정성은 플라톤과 공자의 철학을 시원으로 해서 시대를 초월해 인류가 공통으로 추구해 온 가치다. 저널리즘의 철학을 명징하게 밝히고자 한다.

노래하는 AI 보컬?

생성형 AI가 등장하기 전에도 AI는 저널리즘 현장에서 부분적으로 적용되고 있었다. 그러나 생성형 AI는 차원이 달랐다. 부분적으로 활용하는 차원을 넘어 AI가 저널리스트의 역할을 상당 부분 대행할 가능성을 보여 준 것이다. 저널리즘이 심각하게 불신을 받는 현실에서 생성형 AI는 기존 저널리즘의 대체재로까지 거론되고 있다. 한계는 있겠지만, 타성에 젖어 있는 저널리스트들에게 자극이 될 수도 있겠다. 대체재의 실현은 좀 더 두고 보아야 하겠고, 저널리스트들에게 상당히 도움이 되는 것은 사실이다. 이미 많이 활용하고 있는 현실이기도 하다. 단순 반복 업무의 자동화로부터 새로운 형태의 기사 작성에 이르기까지 AI의 도움이 없으면 어려움을 겪을 정도로 깊숙이 개입되어 있는 것이 현실이다. 몇 가지 사례들을 살펴보기로 한다.

취재 영역에서 보면, AI는 방대한 양의 각종 데이터를 신속하게 분석해 패턴과 추세를 분석해 주는 가운데 심층적인 취재 방향을 제시해 주고, 기자가 원하는 분야나 특정 주제와 관련된 정보를 수집해 제공해 준다. 과거 제보에 의존하던 재난 현장의 상황을 현지의 시민들이 소셜 네트워크 서비스(SNS)에 포스팅하는 정보를 추적해 중요한 단서를 찾아낼 수도 있다.

기사를 자동으로 생성해 주는 기능으로, 정부 기관의 동향이나 스포츠 경기 결과, 증시 동향, 날씨 등 데이터 기반의 정형화된 기사를 일상적으로 작성해 줌으로써 저널리스트는 보다 심층적인 취재나 기획 기사에 집중할 수 있게 해 준다. 이른바 로봇 저널리즘의 혜택이다. 생성형 AI 이전부터 활용하던 것으로 더욱 속도감 있게 도움을 줄 수 있게 된 것이다. 텍스트 중심 기사를 카드뉴스나 영상 스크립트, 오디오 브리핑 등 다양한 포맷으로 만들어 활용할 수 있게 해 주기도 한다. AI가 영상의 불필요한 부분을 편집하거나 이미지 품질을 개선하고, 적절한 섬네일을 추천할 수도 있다. 문법적 오류나 오탈자, 또는 어색한 표현을 잡아 수정해 주기도 한다.

기자가 작성한 기사나 칼럼을 SNS에 알아서 포스팅하고, 그 반응을 분석해 향후 기사 작성에 참고하도록 해준다. SNS의 내용들이 신뢰할 수 있는지 바로바로 검증한다든지, 정보의 출처를 추적해 허위 정보의 근원지를 파악하는 데 도움을 주는 등 팩트체크에 보조적 역할을 하고, 가짜 뉴스의 확산 패턴을 학습해 조기에 경고하고 대응할 수 있게 한다.

그러나 AI는 인간이 아니므로 한계가 있을 수밖에 없다. 인간의 능력에 필적하는 범용인공지능(AGI, Artificial

General Intelligence)이나 인간의 능력을 초월하는 슈퍼인공지능(ASI, Artificial Super Intelligence)이 등장한다 해도 인간만이 할 수 있는 고유 영역이 있다. 따라서 대면 취재를 통한 탐사 보도나 인간 고유의 창의적 스토리텔링 등 AI가 대신할 수 없는 영역을 강화할 필요가 있다. 무엇보다도 진실 보도와 객관 보도, 공정 보도라는 저널리즘의 전통적 목표를 조금도 소홀히 해서는 안 된다. 그런 의미에서 여전히 철학적으로 공통의 합의가 존재하지 않는 현실을 비판적으로 분석함으로써 AI 시대에서도 저널리즘의 전통적 가치를 발전적으로 계승할 수 있도록 정리해 보기로 한다.

AI 시대 저널리즘의 진실과 객관성

대한민국 언론인과 학자들에게 진실과 객관성의 개념에 대해 가장 영향력 있는 인물은 코바치(Bill Kovach)와 로젠스틸(Tom Rosenstiel)일 것이다. 코바치와 로젠스틸은 그들의 책 서문에서 "저널리즘의 첫 번째 의무는 진실에 대한 것이다"를 비롯해서 저널리즘의 원칙 10가지를 제시했다(Kovach & Rosenstiel, 2014). 그러나 정말 중요한 것이 빠졌다. 저자들 자신도 인정했듯이 그것은 공정성(fairness)과 균형성(balance), 그리고 객관성이다.

공정성은 너무나 주관적인 개념이라면서 실제로 어떻게 실천해야 하는지에 대한 지침을 거의 제시하지 못했고, 균형성은 너무 제한적이어서 진실을 자주 왜곡하는 보도 방법이었다고 제외한 이유를 설명했다. 그러나 이것은 이유가 되지 못한다. 공정성은 균형성을 포괄하는 개념이다. 저자들은 객관성에 대해서는 그 개념이 아주 망가졌기 때문에 20세기 초 객관성이라는 개념이 사회과학 영역에서 저널리즘으로 건너왔을 때의 의미를 복원하려 한다면서 이렇게 설명했다.

> "객관성은, 기자는 편견이 없다는 사실을 강조하려는 개념이 아니었다. 거꾸로 기자는 결코 객관적일 수 없기 때문에, 그들의 방법이 객관적이어야 한다는 뜻이었다. 다시 말하면, 우리 모두는 편견이 있다는 사실을 인정하자는 말이다. 그러면 뉴스는 과학과 마찬가지로 방어할 수 있고, 엄밀한, 그리고 투명한 취재와 보도 과정을 통해 만들어져야 한다는 결론에 도달한다. 그리고 이 과정은 오늘날 같은 네트워크 사회에서는 더욱 중요하다."

기자가 객관적일 수 있느냐 없느냐의 문제가 아니라 객관적이어야 한다는 원칙을 견지하는 게 중요하다. 객관성은 고수해야 할 원칙이고 목표여야 한다. 원칙을 견지하는 것과 포기하는 것은 본질적인 차이가 있다. 객관성과 객관적 방법이 다른 게 아니다. 주관을 배제하는 객관적 방법으로 진실에 접근하는 것이 곧 객관성이다. 진실은 객관의 영역에 있다. 그래서 소크라테스는 도덕적 인식을 얻는 수단으로 감각을 경시하고 이성을 중시했다. 그리고 보편적인 지식은 오랜 시간을 투자한 진지하고 또 한결같이 지성적인 탐색을 통하여 밝혀질 수 있는 것이라고 강조했다(Lamprecht, 1955: 56).

철학에서 진리란, 주장이나 의견이 객관적 사실임을 과학적으로 확인되었을 때의 진실을 의미한다. 경험적 사실이 이성적으로 증명되었을 때 진실이 되는 것이다. 따라서 보편적인 지식이 바로 진실이며, 주관의 영역인 감성을 배제하고 이성을 동원하여 밝힐 수 있는 것이다. 사실과 진실은 다르다. 요리의 여러 가지 레시피는 사실이 될 수는 있지만, 진실의 영역은 아니다. 그러나 특정 요리 레시피의 과학적 영양가 분석은 진실이다. 따라서 진실은 사실이 될 수 있지만, 사실이 곧 진실이 되는 것은 아니다. 이런 관계를 명쾌하게 정리해 주는 것이 '존재론'이다.

현상은 감성에 의존하는 주관의 영역이기 때문에 이

성의 기능에 의지하여 객관의 영역에서 실재의 진리를 찾아야 한다. 현상이 곧 실재라면, 즉 보이는 대로의 현상이 본질이요 진리라면 고민할 것도 없고 과학도 필요 없다. 그러나 실재는 빙산의 일각처럼 보이지 않는 곳에 있기 때문에 감관에 의해 확인하는 것은 불가능하다. 그렇다고 현상을 생략한 실재의 확인도 불가능하다. 현상은 실재를 확인할 수 있는 단서요 길이며, 거쳐야 할 필수 과정이다. 현상의 영역에 머물러서는 안 된다는 점이 중요하다. 실증주의, 현상론, 현상학, 실용주의 등은 실재를 현상계에서 찾는다. 그것이 실재일 수는 없다. 오늘날에도 물리학을 필두로 하여 현상의 너머에 있는 실재를 찾는 지적 탐구들이 여전히 왕성하다(이정우, 2004: 215).

그러는 한편으로 포스트모더니즘처럼, 현대판 상대주의로서 실재 개념을 거부하는 학풍도 있다. 실재 개념을 거부하면 비실재(非實在), 곧 가짜가 판치는 세상을 비판할 존재론적 능력을 상실하게 되고, 가치론적 아노미를 가져온다. 이처럼 진리(진실) 아래에는 늘 객관적 실재에 대한 개념이 깔려 있다는 점을 유념해야 한다(이정우, 2004: 217). 《이기적 유전자》의 저자 리처드 도킨스(Richard Dawkins)의 견해가 도움이 될 것이다.

> “사실 우리는 아직도 모르는 것이 많다. 그러나 우리가 알고 있는, 지구는 둥글고 태양의 둘레를 돈다는 사실은 절대 변하지 않을 것이다. 그것만으로도 세계에 대한 원시적 신화보다 과학적 견해를 더 선호해야 할 이유가 전혀 없다고 생각하는 상대주의자들처럼 얄팍한 철학 지식만을 지닌 채 객관적인 진실의 가능성을 부정하려는 이들을 충분히 반박할 수 있다. 우리의 조상이 침팬지의 조상과 같고, 더 먼 조상은 원숭이의 조상과 같다는 믿음은, 그 시기에 대한 세부적인 사항 외에는 바뀌지 않을 것이다.”(Gribbin, 1998: 16)

뇌 과학에서는 인간이 보는 세상이 뇌가 만들어 낸 환상일 수 있다고 한다. 보고 싶은 대로 보고 믿고 싶은 대로 믿으면서 그것을 진실로 인식하는 것이다. 이 함정에 빠지지 않도록 노력해야 한다. 코바치와 로젠스틸은 “기자들은 진실 추구에 꿋꿋해야 한다. 그리고 자신의 관점을 극복하려는 노력에도 힘을 쏟아야 한다”라고 했다(Kovach & Rosenstiel, 2014: 173). 사실 이 말에 모든 것이 담겨 있다. 다만 그것을 객관성과 연결하지 못했을 뿐이다. 자신의 관점, 즉 주관을 극복하려고 노력하면 객관의 세계가 열리게 되고 그곳에 진실이 있는 것이다. 그것이 바로 저널리즘의 객관성이다.

진실과 공정함의 추구는 인간의 본능, 그러나 …

다음은 공정성과 공정 보도의 문제다. 인간의 본성은 진실의 추구와 함께 공정함을 요구하게 되어 있다. 공동생활에서 공평한 분배는 필수였다. 누구나 부당한 대우를 받으면 뇌의 관련 부위가 작동한다. 최후통첩 게임이라든지 뇌의 관찰에서 확인된 사실은, 공정한 제안이 제시되었을 때 항상 뇌의 보상 체계에 속하는 곳이 왕성하게 반응하는 것으로 나타났다는 것이다. 10만 원을 어떤 비율로 나누는 것과 같은 제안이 불공정하다고 생각하는 인식은 사회적 고통에 대해 반응하는 뇌의 부위와 일치했다는 것이다(Lieberman, 2013: 115).

최후통첩 게임을 좀 더 자세히 검토해 보자. A에게 10만 원을 주고 B와 나눠 가지라고 한다. A가 배분한 액수에 B가 동의하지 않으면 돈은 모두 회수하는 조건이다. 어떤 비율로 나눠야 B가 동의해서 두 사람이 다 만족할 수 있을까 하는 게 포인트다. 만약 1만 원을 주겠다고 하면 B가 동의할까? 1만 원이라도 생겼으니 받아들일까? 시험 결과는 대부분 동의하지 않는 것으로 나타났다. 거절하는 이유는 공정한 분배가 아니라는 것이다. 만약 1만 원이 아니고 1억 원이나 10억 원이라도 결과는 같을까? B의 입장에서 1000만 원이나 1억 원은 쉽게 포기할 수 있는 돈이 아니니 받아들일 수도 있지 않을까? 공정성의 요구도 소시민적 이익 앞에서는 무뎌질 수 있는 것이다. 공정성의 원칙이 잘 지켜지지 않는다면 그런 사사로운 이해관계가 작용하기 때문이다. 진실의 추구도 다르지 않을 것이다.

어쨌거나 원칙적으로 공정성의 요구는 인간의 본능이다. 제미나이는 공정성에 대해 "이해관계가 얽힌 사안에 대해 어느 한쪽에 치우치지 않고, 모든 관련 당사자에게 자신의 입장을 설명하고 반론할 기회를 동등하게 제공하려는 태도를 의미"하고, 기계적인 중립이나 양비론과는 구별되며, "단순히 양측의 주장을 똑같은 분량으로 전달하는 것을 넘어, 사회적 약자나 소수자의 목소리에도 귀 기울이고, 그들의 입장이 부당하게 무시되거나 왜곡되지 않도록 배려하는 적극적인 노력을 포함"한다고 했다.

학계나 언론계에서 공유되는 설명으로 '불편부당'이라는 말로 정리될 수 있을 것 같다. 불편부당의 원칙을 지키는 데 필수 책무는 시시비비(是是非非)의 정신이다. 옳은 것을 옳다 하고, 아닌 것은 아니라고 해야 하는 것이다. 그러나 많은 경우 언론은 정치적, 사회적 편향을 극복하지 못하고 시비를 따지지 않거나 옳은 것을 아니라 하고, 아닌 것을 옳다 하는 경우가 비일비재하다. 이런 보도에 많은 사람이 분노하지만 개의치 않는다. 특히 유튜브는 진영별로 갈려서 편파성이 지나치기도 하는 형편이다. 이런 내용은 AI가 학습하는 빅 데이터에서 배제되도록 해야 할 것이다. AI의 등장으로 보통 사람들도 수월하게 방송 저널리즘에 진출할 수 있게 된 현실에서 객관성과 공정성이 지켜질 수 있도록 지혜를 모아야 할 때다.

참고문헌

이정우(2004). 《개념－뿌리들》. 그린비.

Gribbin, J.(1998). *A brief history of science.* 최주연 옮김(2005). 《한 번은 꼭 읽어야 할 과학의 역사》. 에코리브르.

Kovach, B. & Rosenstiel, T.(2014). *The elements of journalism.* 이재경 옮김(2021). 《저널리즘의 기본 원칙》. 한국언론진흥재단.

Lamprecht, S. P.(1955). *Our philosophical traditions.* 김태길 외 옮김(1963). 《西洋哲學史》. 을유문화사.

Lieberman, M. D.(2013). *SOCIAL.* 최호영 옮김(2015). 《사회적 뇌》. 시공사.

03

방송 제작 환경의 변화

방송 제작 환경은 디지털 플랫폼의 급격한 성장과 함께 시청자들의 콘텐츠 소비 행태 변화에 직면해 끊임없는 혁신을 요구받고 있다. 미국의 라스베이거스에서는 매년 봄 미국방송협회(NAB) 주최로 전 세계 글로벌 기업들이 참여하는 대규모의 방송 기술 전시회(NAB SHOW)가 열린다. AI를 주제로 개최된 2025년 NAB 쇼의 이모저모를 살펴보기로 한다.

인공지능과 편향?

인쇄 매체에 비해 다양한 테크놀로지가 결합되어 있는 만큼 AI가 방송 제작에 가져온 변화는 훨씬 충격적이다. AI는 콘텐츠 기획 단계에서 방대한 데이터를 분석해 새로운 아이디어를 발굴하고 시청자들의 선호도를 예측하는 데 중요한 역할을 한다. AI 알고리즘은 과거 시청률 데이터뿐만 아니라 소셜 미디어의 트렌드, 검색어 등을 종합적으로 분석하여 아직 개발되지 않은 콘텐츠 영역을 제시하거나, 성공적인 콘텐츠 패턴을 파악하여 새로운 포맷 및 주제 발굴을 지원할 수 있다.

AI는 스크립트 작성 과정에서도 작가의 창작 활동을 지원한다. AI는 스크립트 초안을 작성하거나 맞춤법 및 문법 오류를 검토하고, 스토리 라인의 개선 방향을 제안하는 등 다양한 방식으로 작가의 효율성을 높여 준다. 작가의 창작 과정 전반에 걸쳐 실시간으로 피드백을 제공하고 아이디어를 발전하는 데 도움을 주기도 한다. 이처럼 기획 단계에서부터 데이터 기반의 객관적인 분석과 창작 활동 지원을 통해 방송 콘텐츠의 성공 가능성을 높이는 데 중요한 역할을 수행한다.

AI 기술은 촬영 단계에서 자동화된 카메라 제어 및 실시간 영상 분석을 통해 효율성을 높이고 방송의 품질을 향상하는 데 활용된다. 스포츠 경기나 콘서트와 같은 생중계 상황에서 AI 기반 컴퓨터 비전 기술은 카메라의 움직임을 자동으로 제어하고 주요 피사체를 정확하게 추적해 역동적인 화면을 담아낼 수 있다. 예를 들어 다수의 고정형 초고선명도(UHD) 카메라를 설치하고 AI가 각 카메라의 영상을 분석하여 마치 다중 카메라 설정과 같은 효과를 연출함으로써 인건비를 절감하고 다양한 앵글을 확보할 수 있다. 또한 얼굴 인식 기술을 통해 주요 인물을 자동으로 식별하고 화면에 최적의 구도로 담아내는 기능은 시청자들에게 더욱 몰입감 있는 시청 경험을 제공하기도 한다.

방송 제작의 모든 과정에 등장하는 AI

야구 중계방송을 보면 이런 기능을 실감하게 된다. 선수 가족이 관중석에 있는 것을 포착하고, 독특한 관중의 장면을 잡는다든지, 관중이 스케치북에 써 놓은 시의적절한 글을 보여 준다든지, 스탠드를 꽉 채운 2만여 관중 사이에서 그때그때 놓치지 않고 포착해 보여 주는 테크닉에 놀라곤 한다. 여기에도 AI가 역할을 한다는 것이다. AI는 관중의 얼굴 표정을 분석해 감정의 변화를 실시간으로 감지함으로써 홈런, 역전, 끝내기 등의 순간에 환호하는 관중을 자동으로 포착해 보여 준다. 얼굴 인식 기술로 관중석에 있는 유명 인사나 선수 가족 등을 식별해 클로즈업하고, 특이한 의상이나 재미있는 메시지를 담은 피켓 등을 감지해 보여 주기도 한다. 경기를 마친 후 바로 방송하는 하이라이트 편집에도 AI가 보조적인 역할을 한다. 아직은 인간 편집자의 감각이 우선하기 때문에 보조적인 역할에 그치지만, 앞으로는 달라질 수 있을 것이다(한정훈, 2023: 175).

그 밖에 AI 기반 영상 편집 소프트웨어 및 자동화 도구가 방송 제작 워크플로(workflow)에 미치는 변화, AI 기반 방송 콘텐츠 개인화 및 맞춤형 추천 시스템, AI를 활용한 가상 스튜디오 캐릭터 생성, 특수 효과 기술의 방송 제작 영향, AI 기반 실시간 자막 생성, 음성 인식, 번역 기술이 방송 접근성 향상에 기여, AI를 활용한 방송 콘텐츠 저작권 관리 및 불법 복제 방지, AI 기술 도입으로 인한 방송 제작 인력 및 산업 구조 변화 예측 및 분석, 해외 방송 사례를 포함한 AI의 성공적 활용 등 기획 단계에서부터 전반적으로 광범위하게 AI가 개입되어 있는 것을 확인할 수 있다.

나아가서 AI와 메타버스, 확장현실(XR, Extended Reality) 기술 등과의 융합은 새로운 형태의 방송 콘텐츠 및 서비스를 탄생시킬 수도 있다. 궁극적으로 AI 기반 개인 맞춤형 방송 시대가 본격적으로 개막되고 시청자 중심의 콘텐츠 소비 환경이 더욱 심화될 것으로 예상된다. 국내 방송 사업자들이 이러한 변화에 성공적으르 대응하기 위해 AI 전문가 양성 및 재교육, 윤리적 가이드라인 및 규제 준수 체계 마련을 서둘러야 할 것이다.

미디어가 바뀌면 감각 비율과 지각 패턴에 변화가 오고, 인간관계의 구도가 바뀐다. 사람들도 한편으로는 기대가 되고 다른 한편으로는 당황스럽기도 할 것이다. 더 당황스럽고 생각이 많고 바쁜 것은 기존 방송사들이다. 미디어가 바뀐 만큼, 기존 미디어를 개편해야 하고 그에 부합하게 콘텐츠 구성도 변화를 모색해야 할 것이다. 기존의 제작 및 편성 방침을 전면적으로 바꿔야 할는지 모른다. 자칫 변화의 속도가 느리거나 지지부진할 때는 사람들이 새로운 디바이스와 새로운 형식의 방송으로 갈아탈지도 모른다. 이미 나타나고 있는 현상이다.

미국의 라스베이거스에서는 매년 봄 미국방송협회(NAB) 주최로 전 세계 글로벌 기업들이 참여하는 대규모의 방송 기술 전시회(NAB SHOW)가 열린다. 4월 6일부터 9일까지 열린 2025년 NAB 쇼의 주제는 인공지능(AI+), 클라우드(Cloud), AI 기반 IP 워크플로, 몰입형 미디어(Immersive Media), 차세대 방송(ATSC 3.0 Ext.)

등이었다고 한다. NAB 쇼 2025를 참관한 이태진 한국전자통신연구원(ETRI) 미디어연구본부장의 참관 기록이다.

미국의 NAB 쇼가 보여 주는 것

"AI와 클라우드는 방송 제작의 근본을 바꾸고 있다. AI를 활용한 콘텐츠 생성, 자동 편집, 화질 복원 등은 제작 편의성과 효율성을 크게 끌어올리고 있다. 클라우드 기반의 콘텐츠 제작과 전송, 원격 협업 환경은 방송 제작 현장의 물리적 제약을 허물고 있으며, 클라우드 기반 통합 설루션이 빠르게 확산되고 있는 점도 인상적이다.

AI 기반 IP 워크플로의 확대도 눈에 띈다. 자동화된 콘텐츠 관리, 실시간 데이터 분석, 가상 스튜디오와 증강현실(AR, Augmented Reality)/확장현실 기반 제작 기술은 기존 방송 제작 패러다임의 전환을 예고하고 있다.

몰입형 미디어 기술의 발전 역시 주목할 만하다. 8K 양안 3D 카메라와 17K 고해상도 시네마 카메라 등은 시청자에게 초실감형 경험을 제공하며, 방송 콘텐츠의 몰입도를 한층 끌어올릴 수 있을 것으로 기대된다. 이는 방송이 단순한 정보 전달을 넘어 '경험' 중심으로, 평면 미디어에서 입체 공간 미디어 서비스로 진화하고 있음을 보여 준다.

특히 주목할 점은 차세대 방송 표준인 ATSC 3.0의 확산이다. 미국을 포함한 여러 국가에서 상용화가 진행 중인 ATSC 3.0은 필자의 연구진이 주도한 '계층분할다중화(LDM)' 및 '다중송수신안테나(MIMO)' 기술이 확장 표준에 반영되며, 브라질 등 신흥국 시장에서도 주목받고 있다"(이태진, 2025).

피상적으로 생각하면, 방송문화를 주도하는 것은 콘텐츠라고 간주하기 쉽다. 그러나 콘텐츠를 담아내는 그릇에 해당하는 방송 테크놀로지야말로 방송문화의 원천적인 창조자다. 그릇에 따라 담기는 콘텐츠가 달라진다. 콘텐츠에 앞서 미디어가 변화의 원천이라는 얘기다. 미디어가 메시지라고 하는 까닭이다. 미디어 연구가 우선적으로 중요한 까닭이다. 그러나 지금까지의 미디어 연구, 사실은 미디어가 아닌 커뮤니케이션 연구는 정작 진짜 중요한 연구 대상을 생략한 채 콘텐츠 연구에 치중해왔다. 미디어 역사의 전환점을 목도하고 있는 현실을 자각하면서 연구와 관심의 대상을 재고할 필요가 있다. 새로운 미디어 테크놀로지를 개발하고 있는 과학 분야에서 새로운 미디어가 속속 등장하고 있는 현실을 주목하고 놓치지 않아야 한다. 그리고 그 의미를 진지하게 살펴야 한다.

2000년대 초 DMB(DMB, Digital Multimedia Broadcasting)라고 하는 새로운 방송 기술이 대두되었을 때, 지상파와 위성 방송사들은 DMB 방송의 허가를 받기 위해 사활을 걸다시피 했다. DMB는 휴대폰으로 이동 중에 방송을 시청할 수 있게 만든 새로운 방송 기술로서 특히 대한민국이 세계 최초로 상용화하여 크게 주목을 받았다. 불행하게도 스마트폰의 보급과 스트리밍 서비스의 확산으로 인해 DMB의 이용률은 큰 폭으로 감소했다. 다만 재난 방송, 교통 정보 제공 등 특정 분야에서 여전히 활용되고 있으며, 일부 방송사는 고화질 서비스와 데이터 방송을 통해 새로운 수익 모델을 모색하고 있는 등 겨우 명맥을 이어 가고 있다.

대한민국이 DMB에 들떠 있을 때 미국의 애플사는 스마트폰을 개발하고 있었다. 그리고 지금은 AI 시대다. 미디어가 바뀌면 콘텐츠가 바뀌고 경천동지의 수준으로 문화가 바뀐다. 인터넷의 바다에 진수한 AI는 구텐베르크의 인쇄술에 비견할 만한 변화를 일으키고 있다. 이처럼 미디어 커뮤니케이션의 역사를 주도하는 것은 미디어 테크놀로지다. 콘텐츠 이전에 새로운 방송 테크놀로지의 등장이 주도하는 변화에 주목해야 할 때다. 그리고 유튜브 등 OTT(Over-The-Top)가 기존 방송의 영향력을 뛰어넘는 등의 현실에서 새로운 방송 영역의 편성과 경영 방침에도 주목할 필요가 있을 것이다.

참고로, 콘텐츠를 종이책으로 읽는 것과 디지털 기기로 보는 것의 차이를 알아두는 것도 좋겠다.

"종이책으로 읽을 때 뇌가 25% 더 활발하게 움직이고 기억력도 21~95% 더 좋아진다는 사실이 2025년까지의 최신 뇌 과학 연구로 밝혀졌다. … 스마트폰이나 태블릿 화면을 들여다보는 순간, 우리 뇌에서는 일종의 '정신적 교통 체증'이 시작된다. 2023년 어린이 대상 뇌파 실험에서 충격적인 결과가 나왔다. 디지털 기기로 읽을 때 나타나는 뇌파 패턴이 주의력 결핍 과다 행동 장애 증상과 거의 똑같았던 것이다. … 글자만 빼곡한 책을 읽을 때 우리 뇌는 세계 최고의 영화감독이 된다. 소설 속 주인공의 얼굴을 그려 보고, 배경을 상상하고, 상황을 머릿속 영화관에서 재생하는 그 순간 뇌의 창의력 센터가 불꽃 튀게 행동한다. 하지만 이미 완성된 동영상이나 화려한 그림이 등장하면 우리 뇌는 게으름뱅이 모드로 전환된다. 굳이 상상할 필요가 없으니까 편안히 구경만 하면 되는 것이다. 마치 레고 블록으로 자유자재로 창작하던 아

이가 완성품만 조립하게 되는 것과 같다. 편하긴 하지만 창의력은 점점 녹슬어 간다."(박재아, 2025)

참고문헌

박재아(2025.8.25). "종이책 읽어야 더 똑똑해진다" . 시사매거진.

이태진(2025.5.13). "방송 미디어 기술의 미래를 엿보다". 디지털 타임스.

한정훈(2023). 《AI 시대, 엔터테인먼트의 미래》 . 페가수스.

04
OTT와 AI

유튜브와 넷플릭스 등 스트리밍 방송이 전통적인 방송 산업을 위협하고 있다. 경기 불황, 고령사회 진입과 저출산, 페미니즘과 2대남의 극우화 등의 밑바탕에는 인터넷 기반 미디어의 출현이 있다. 그리고 그 핵심에 SNS와 OTT가 있다. 더불어 미국에서 대세가 되고 있는 광고 기반 유료 방송인 패스트(FAST, Free Ad-supported Streaming TV)의 현황 등을 살펴보기로 한다.

청각장애인과 AI?

넷플릭스의 창업자인 리드 헤이스팅스(Reed Hastings)는 2016년 1월 6일 소비자 가전 전시회(CES) 2016 행사장에서 넷플릭스 서비스를 130개 나라로 확대한다고 발표하면서 "여러분은 지금 글로벌 TV 네트워크의 탄생을 목격하고 있다"라고 말했다. 그로부터 9년이 지난 2025년 넷플릭스는 유료 스트리밍 서비스를 넘어 TV의 또 다른 대명사가 되었다(한국경제신문, 2025: 29).

지상파나 케이블, 위성을 경유하지 않고 인터넷을 통해 영화, 드라마, 오락, 스포츠 경기 등의 동영상 콘텐츠를 제공하는 스트리밍 서비스인 OTT(Over-The-Top)가 대세다. 대표적 OTT인 유튜브가 처음 방송을 한 것은 2005년 4월 23일이니 불과 20년이다. OTT 앱으로는 유튜브가 남녀와 모든 연령대에서 압도적 1위를 차지하고 있다. 그 뒤로 넷플릭스, 티빙, 웨이브, 틱톡, 숲(SOOP; 전 아프리카 TV), 쿠팡 플레이, 치지직, 디즈니+, 라프텔이 10위권을 형성하고 있다(한국리서치, 2024).

2024년 12월 기준 전체 시청 점유율에서 스트리밍 방송이 43.3%를 차지함으로써 케이블방송(23.8%)과 지상파 방송(22.4%)을 크게 앞선 것으로 나타났다. 한국에서도 OTT 서비스 이용률이 지속적으로 증가하여 2023년 77.0%를 기록했으며, 유료 이용자 비율도 57.0%로 증가했다. 스마트폰을 통한 이용 비중이 가장 높지만, TV를 통한 이용 비중도 증가하는 추세다.

OTT가 대세인 이유

한 세기를 풍미하던 지상파 방송의 시대를 제압한 스트리밍 방송의 현실을 어떻게 이해해야 할까? 왜 사람들은 지상파와 케이블을 외면하고 OTT 방송에 열광하는 것일까? 여러 가지 요인을 생각할 수 있으나 가장 큰 차이는 보고 싶은 시간에 볼 수 있다는 것이다. 과거 지상파 방송은 (뭐 지금도) 방송사가 정해 놓은 시간에 맞추어야 하지만, OTT는 언제든지 찾아볼 수 있는 것이다. 넷플릭스와 유튜브가 대세인 이유다. 새로운 미디어 테크놀로지가 사람들의 시청 행태를 바꿔 놓은 것이다. 이렇게 지배적인 미디어가 바뀌면 사람들의 태도와 행동이 달라지고, 결과적으로 사회가 요동을 치며 변화한다. 앞서 인류의 뇌 용량이 축소된 데는 언어와 문자의 영향이 컸다는 사실을 밝혔다. 미디어는 이렇게 진화와 실생활에 영향을 미친다. 당장은 개인들과 나아가서 사회의 변화를 추동하고, 그 변화에 적응하는 자가 살아남을 것이라는 점에서 길게는 진화에도 영향을 미치는 것이다.

OTT는 시간의 제약으로부터 자유롭다. 대표적으로

유튜브와 넷플릭스는 정해진 편성표가 없고, 본방송과 재방송의 개념이 없다. 프로그램이 준비되는 대로 시작하는 시간만 있을 뿐 그다음에는 언제든지 시청이 가능하다. 방송사가 지정한 본방과 재방 시간에 맞춰 귀가해야 하는 구속에서 해방된 것이다. 그 시절에는 시청률 50%를 상회하는 드라마들이 있어서 도심이 텅 비기도 했다. 그 시간을 놓치면 주말의 재방 시간에 맞춰 얌전하게 TV 앞에 앉아 있어야 했다. 그러나 지금 OTT는 그런 제약에서 자유롭다. 언제 어디서나 찾아볼 수 있는 것이다. 사람들이 OTT로 갈아타는 것은 인지상정일 것이다. 프로그램 내용에 대한 제약이 엄격하지 않은 점도 유리하다. MZ 세대와 알파 세대는 처음부터 OTT에 익숙하다. 케이블방송과 지상파방송의 시청 점유율이 내리막길을 걷게 되는 것은 자연스러운 일이다. 한국 OTT 시장 현황은 아래 보고서에 잘 정리되어 있다.

> "미디어 · 콘텐츠 분야 재정적 부담이 심화되고 있는 가운데 방송 제작비를 포함한 콘텐츠 산업 분야의 제작비는 지속적으로 성장하고 있다. 이와 같은 제작비 상승은 레거시 방송 사업자뿐 아니라 OTT 사업자에게도 부담으로 작용하고 있다. 국내 방송 제작비는 광고 매출 3조를 훨씬 웃도는 5조 6

천억 수준이라 내수 시장에서 제작비를 회수하기가 갈수록 어려워지고 있다. 2021년에서 2022년 사이에 프로그램 공급업자(PP)와 지상파의 제작비는 각각 9.6%와 5.3%씩 상승하는 양상을 보였고, 경기 침체와 국내 미디어 · 콘텐츠 분야의 성장 지체에도 불구하고 국내 미디어 · 콘텐츠 분야에 투입되는 제작비는 향후 더욱 늘어날 전망이다. 국내 콘텐츠 제작 시장에 디즈니플러스도 본격적으로 투자하기 시작하면 제작비 과열 양상은 더욱 심화될 가능성이 높다"(한국방송통신전파진흥원, 2024: 16).

"한편으로 AI 기반 스마트 TV는 엔터테인먼트 담당에서 스마트홈 관리 허브로 변모하고 있다. '스마트홈 커멘드 센터'로 역할을 재정립하고 있는 것이다. 건강과 에너지, 심층적인 개인 맞춤형 웰빙 지원도 TV만 있으면 해결할 수 있다"(한국경제신문, 2025: 25).

던바의 수, SNS와 OTT로 극복

던바의 수라는 게 있다. 진화인류학자인 토빈 던바(Robin Dunbar)는 사람들이 모여 사는 집단의 크기가 신피질의 크기를 키웠다는 사실을 증명했다. 던바는 이 연구를 통해 얻은 방정식을 사용해 영장류의 종별로 그들의 신피질 비율을 계산하고, 그 결과를 토대로 효과적이고 응집력 있는 사회집단의 최대 크기가 얼마인지 계산했다. 그 결과 인간의 경우 효과적인 사회집단의 크기는 약 150명인 것으로 나타났다. 실제로 BC 6000~AD 1700년대까지 존재했던 마을의 규모가 대략 150명 정도였던 것으로 추산되었다(Lieberman, 2013: 55~56).

던바의 수는 매스 미디어가 없고 교통수단이 취약하던 농업 사회를 배경으로 한다. 산업혁명 이후 산업사회가 도래하고 매스 미디어와 교통수단이 발전하면서 사정은 달라진다. 대중신문과 라디오 · 텔레비전의 매스 미디어 시대를 경유해 PC와 인터넷이 보급되고 디지털 시대가 되면 매스 미디어와 퍼스널 미디어가 공존하게 된다. 그리고 생성형 AI의 등장이다. 지금은 OTT가 대세라 할 수 있고, AI와 결합되어 있다. AI는 콘텐츠 기획과 제작 과정에서는 물론이고 시청자들에게 취향에 맞는 콘텐츠 추천, 개인화된 스트리밍 채널 구성 등으로 기여하고 있다.

던바의 수를 근거로 페이스북 친구는 대부분이 허수라는 의견이 있을 수 있겠다. 페이스북 친구는 5천 명으로 제한되지만, 팔로우까지 하면 실질적으로 제한이 없는 셈이다. 그래서 오프라인에서 친구 관계가 유지되는 한계를 150명으로 잡기도 한다. 그러나 인터넷의 세계에서는 그런 관념이 무의미하다. 태어나면서부터 인터넷과 SNS에 익숙한 세대들은 디지털 공간에서 지내는 것이 자연스럽다. 몸과 마음이 그렇게 적응한 것이다. 증강현실 등이 그렇고, 메타버스가 성행하는 배경이기도 하다. 그러다가 공통의 관심사가 발생하면 대규모로 모여 억눌렸던 끼를 발산하기도 한다. 2024년 12 · 3 계엄령 사태 당시 여의도로, 광화문으로 또한 한남동으로 모여든 탄핵 집회에서 확인된 바다. 반대편의 탄핵 반대 진영도 마찬가지다.

2030 남성들의 극우화는 머지않아 민주주의에 심각한 장애를 유발하고, 전체 사회에 치명적인 혼란을 초래하게 될 수도 있다. 그 점에서 정부는 언론 개혁 과제와는 별개로 정밀한 미디어 정책을 마련해 대응해야 하는 과제를 수행해야 한다. 현재의 미디어 생태계에 대한 과학적 분석과 이해를 바탕으로 해서 미디어 정책을 수립한 다음에는 지금도 태어나고 있고 태어날 디지털 원주민들의 건강한 성장을 위해 생애 주기별 교육을 실시해야 한다. 2030 남성들이 극우화로 굳어지고, 그 후속 세대마저 극우 성향으로 성장하는 한 민주주의는 물론이고 국가의 미래가 어둡게 될 것이다.

FAST 방송의 확산

광고 수입으로 유지되는 무료의 FAST(Free Ad-supported Streaming) TV 방송의 성장도 눈여겨볼 만하다. FAST는 광고 기반의 무료 방송으로 수익을 창출하는 실시간 스트리밍 방송 플랫폼이다. 지상파방송과 유사한 스타일이면서 가입 없이 앱이나 웹으로 접근 가능한 OTT 플랫폼의 장점을 공유하는 방송이다. 국내에서는 CJ 이엔엠(ENM), LG유플러스, 웨이브(Wavve) 등 일부 기업들이 FAST 서비스를 시범 운영 중이며, 미국에서는 플루토 티브이(Pluto TV), 튜비(Tubi), 삼성 티브이 플러스(Samsung TV Plus) 등이 이미 FAST 시장을 선도하고 있다.

과학기술정보통신부는 2025년 5월, K-FAST의 글로벌 확산을 위한 본격적인 지원에 나선다고 발표했다. 이 사업의 핵심은 국산 FAST 플랫폼의 해외 시장 진출과 K-콘텐츠 수출 기반 강화라고 한다. 이를 위해 정부는 2025년도 추가경정예산(추경)으로 총 80억 원을 확보해 글로벌 플랫폼과 연계함으로써 해외 채널 입점 지원, 콘텐츠 번역 및 현지화, 기술 고도화 등을 종합적으로 지원할 계획이라고 한다.

K-팝은 물론이고 영화, 드라마 등 K-컬처의 위세가 드

높은 가운데 K-FAST가 FAST의 나라 미국을 위시해 전 세계로 진출하는 것은 당연한 일이다. 미국의 일부 FAST 플랫폼에서는 K-드라마 채널이 고정 시청층을 형성 중이라고 한다. 과기정통부는 "K-FAST는 단순 콘텐츠 수출을 넘어 디지털 방송 생태계 전체의 글로벌 경쟁력 확보를 위한 전략"이라며, 장기적으로 국가 브랜드 가치 상승과 일자리 창출로도 이어질 것이라고 강조했다. '다이렉트미디어랩(DirectMedia Lab)' 한정훈 대표의 진단이 참고가 될 것이다(한정훈, 2025).

> "2025년, 글로벌 미디어 산업은 '합종연횡(合縱連橫)'의 시대에 접어들었습니다. 워너 브라더스 디스커버리의 전격 분할, 컴캐스트의 케이블 네트워크 분사, 디즈니의 스트리밍과 전통 TV 융합 전략까지, 모두가 생존과 지배력을 위한 선택입니다.
>
> 한국은 이 변화의 물결 속에서 새로운 미래를 준비해야 합니다. 현재 정부는 '메가 K-OTT'와 '글로벌 K-FAST 얼라이언스'라는 두 축으로 글로벌 도약을 준비하고 있습니다. 티빙-웨이브 통합으로 넷플릭스에 맞먹는 거대 토종 OTT가 탄생하고, 과학기술정보통신부 주도의 K-FAST 얼라이언스는 삼성전자, LG전자, 지상파 3사, CJ ENM, JTBC, 통신 3사

등 40여 개 기업 ·기관과 함께 K-콘텐츠의 글로벌 확산을 위한 실질적 협력체로 자리를 잡았습니다.

AI 더빙, 현지화, 해외 채널 마케팅, 공동 프로젝트 등 첨단 기술과 민관 협력으로 K-콘텐츠의 해외 진출 경쟁력이 강화되고 있습니다. FAST(광고 기반 무료 스트리밍 TV) 시장은 2027년까지 연평균 9% 이상 성장할 전망이며, K-FAST 얼라이언스는 프리미엄 K-채널 구축과 국제 교류 확대에 박차를 가하고 있습니다.

이제 한국 미디어는 단순한 콘텐츠 제작을 넘어, 글로벌 유통 주도권 확보와 플랫폼 생태계 혁신, 그리고 AI · 메타버스 · 데이터 기반의 초융합 시대를 준비해야 합니다.

여기에 한국은 이재명 정부 등장에 맞춰 미디어와 콘텐츠, 방송을 담당하는 조직의 개편도 앞두고 있습니다. 글로벌 미디어의 변화 속에서 조직 개편의 핵심은 바로 정치와 부처 이기주의가 아닌 'K 콘텐츠와 플랫폼(스트리밍, FAST) 육성', '소비자 보호', '슈퍼팬을 통한 K 컬처 소비 생태계 구축'에 있어야 합니다".

참고문헌

한국경제신문(2025). 《한경무크 CES 2025》.
한국리서치(2024). "2024년 KOI 이용 현황".

한국방송통신전파진흥원(2024). “OTT 2.0 tleo, K-OTT 글로벌 진출 활성화 방안 연구”.

한정훈(2025). 2025년 6월 12일 페이스북 . “글로벌 미디어 대격변, 한국은 어떻게 나아가나? ‘유튜브-K FAST-메가 K OTT, 넷플릭스’가 만들 새로운 K컬처 생태계”.

Lieberman, M. D.(2013). *Social.* 최호영 옮김(2015). 《사회적 뇌》. 시공사.

05
CES 2025, AI 기반 미디어의 진화

코로나 사태로 2021년과 2022년을 건너뛰고 난 후 2년 만에 정상 개최된 〈CES 2023〉이 AI의 예고편이었다면, 2022년 11월 30일 챗GPT-3.5의 시행착오를 거쳐 2023년 초에 나온 GPT-4는 본격적인 생성형 AI 시대를 열었다. 그 상황은 CES 2024에 반영되었고, 올 1월 개최된 CES 2025는 더욱더 진전된 AI 기반 미디어 테크놀로지들을 소개했다.

AI 콘텐츠 크리에이터?

페르시아 제국을 재건한 다리우스 황제는 나라의 서쪽 끝인 사르디스(Sardis)에서 수도인 수사(Susa)까지 이어진 2703km의 도로를 건설했다. 오늘날의 고속도로와 같은 것이다. 이 길은 훗날 몽골제국에서 고안한 역참제(중앙과 지방 사이의 소식을 전달하는 교통 · 통신 기관)의 원형이 되었다. 이렇게 도로는 교통 · 통신 기관으로서 미디어다(도현신, 2019: 274～279). 로마제국도 BC 500년경부터 도로를 건설했다. 모든 길은 로마로 통한다는 그 길이다. 로마의 도로는 군대 이동과 물자 교역, 소식 전달을 용이하게 만들었다.

미디어를 인간의 확장이라고 정의했을 때, 자동차도 미디어에 포함된다. 자동차뿐만 아니라 기차와 비행기처럼 기본적으로 바퀴를 이용한 교통수단은 발의 연장으로서 미디어다. '무엇을 운반하느냐'와는 관계없이 그 자체로 시간과 공간의 제약을 극복하게 해 주는 미디어다. 미디어는 메시지 이전에 인간과 세상을 변화하게 만든 원동력이다. 앞서 제1장에서 보았듯이 언어와 문자는 소통을 원활하게 하고 기억을 대신하게 함으로써 뇌의 부담을 줄여 주었다. 그 결과 뇌의 에너지 소비가 줄어들어 신체의 다른 부분이 에너지를 충분히 공급받아 진화할 수 있게 되었다. 미디어는 세상의 변화를 주도하고 그 결과 변화된 세상의 영향을 받아 인간의 진화에도 영향을 미친다는 사실이다.

피지컬 AI와 에이전틱 AI

교통수단은 인간의 활동 공간을 확장했다. 따라서 공간이 축소되었다. 예를 들어 조선 시대 지방에서 한양에 가서 과거를 치르고 돌아가는 데 한 달이 걸렸다면, 지금은 하루면 족하다. 활동 공간이 확대되었으며, 그만큼 공간이 축소된 것이다. 느낌으로도 그렇고, 실제로도 그렇다. 자율 자동차는 이제 단순한 이동 수단이 아니라 이동 중에 비즈니스 업무를 수행하고 엔터테인먼트를 즐기는 플랫폼으로의 도약을 목표로 진화하고 있다. CES(소비자 가전 전시회) 2025는 이렇게 진단하고 있다.

> "자율 주행차가 단순한 운송 수단을 넘어 이동 중 업무 수행이 가능한 사무실이 될 수 있고, AI와 연결된 스마트 차량은 몰입형 엔터테인먼트 경험을 제공한다. 이동 자체는 또 하나의 즐거움으로 재정의되고 있다. 그 결과 모빌리티는 더 이상 물리적 이동에만 국한되지 않으며, 이동 과정에서 새로운 서비스와 부가가치를 창출하는 플랫폼으로 진화하고 있다. …

모빌리티는 이제 차량 판매를 넘어 서비스와 플랫폼 중심 비즈니스 모델을 창출하고 있다. 이는 자동차 산업이 하드웨어 제조업에서 소프트웨어와 데이터 기반 서비스 산업으로 탈바꿈하는 전환점을 맞이했음을 보여 준다."(한국경제신문, 2025: 31)

2030 세대를 나이에 맞게 분류하자면, M 세대는 1986년~1995년, Z 세대는 1996년~2005년 사이에 태어난 세대라고 할 수 있겠다. M 세대가 30대, Z 세대가 20대에 해당한다. 통일된 기준은 없으니 우선 2030 세대의 특성을 파악하고자 하는 분류법이다. M 세대는 TV에서 인터넷으로 넘어가는 과도기에 초등학교를 다녔고, Z 세대는 인터넷 및 스마트폰과 함께 성장했다. 하여 M 세대는 디지털 이주민, Z 세대는 디지털 원주민이라고 지칭한다. M 세대는 TV에서 인터넷으로 이행하는 과정에 태어났기 때문에 30대 전반과 후반이 다소 차이를 보인다. Z 세대 아래 알파 세대(2006~2024)는 인터넷과 스마트폰에 더욱더 최적화된 세대라고 할 수 있다. Z 세대와 알파 세대를 합해 잘파(Zalpha) 세대라고도 한다. 잘파 세대야말로 명실상부한 디지털 원주민이다. 1965~1985년 사이에 태어난 X 세대(4050)와 MZ 세대의 차이

는 기본적으로 주류 미디어의 차이에서 온다. 레거시 미디어로 밀려난 신문과 방송에서 인터넷과 스마트폰으로의 주류 미디어 교체는 4050과 2030의 세계관의 차이로 나타난다. 이 마당에 생성형 AI는 어떻게 작용할지가 관심사로 떠오른다.

AI의 트렌드는 피지컬 AI와 에이전틱 AI로 나아가고 있다. 피지컬 AI는 로봇과 자율 주행 자동차, 스마트 디바이스 등 기계가 스스로 학습하고 상황에 맞게 행동하도록 설계된 것이다. 피지컬 AI는 사람의 일을 대신함으로써 에이전트 역할을 하게 될 것이다. 웬만한 법률 사무는 AI가 하는 등 그 범위가 점점 확대되고 있는 양상이다. 자율 주행차의 경우, AI 에이전트가 도로 상황을 인지하고 주행 계획을 세우는 역할을 하고, 피지컬 AI 기술은 센서와 구동기(actuator)를 통해 차량을 실제로 제어하는 방식으로 작동한다. 휴머노이드 로봇 역시 AI 에이전트가 작업의 목표를 설정하고 필요한 동작을 계획하며, 피지컬 AI가 로봇의 움직임을 정교하게 제어하여 실제 작업을 수행하는 식이다. 머지않은 미래에는 AI가 단순히 정보 처리하는 것을 넘어, 물리적 세계에서 직접 행동하고 인간과 상호작용하며 더욱 복잡하고 자율적인 역할을 수행하게 될 것이다. 이는 다양한 산업 분야에 혁신적인 변화를 가져오게 될 것이다.

CES 2025에서 가장 화제가 됐던 것은 로봇이었다고 한다. 지난해까지 기대를 모았던 웨어러블 기술은 오히려 줄고 생성형 AI로 혁신을 거듭한 로봇이 전시장 곳곳을 누볐다는 것이다(한국경제신문, 2025). 피지컬 AI는 전기, 컴퓨터, 인터넷 혁명에 이어 인류 문명을 재정의할 네 번째 산업혁명으로 자리 잡을 것으로 예상되며, 10년 후의 피지컬 AI는 단순한 기술적 혁신을 넘어 산업의 기반과 인류의 생활 방식을 완전히 바꿔 놓음으로써 향후 10년간 100조 달러(약 14경 원) 규모의 신산업이 탄생하게 되는 결과를 낳을 것으로 기대하고 있다는 것이다(한국경제신문, 2025).

호모 파베르와 인간의 확장

베르그송(Henri Bergson)은 인간이 도구를 만들어 사용하고 나아가서 자기 자신을 만들어 낸다는 의미에서 인류를 호모 파베르(Homo Faber)라고 했다(Bergson, 1907). 매클루언은 호모 파베르에 대해 이렇게 묘사했다. "생리학적으로, 테크놀로지(혹은 다양하게 확장된 신체)를 일상적으로 이용하는 사람은 끊임없이 그 테크놀로지에 의해 변형되고, 다음에는 그 테크놀로지를 변형하는 새로운 방법을 발견해 낸다. 말하자면 인간은 기계 세계의 생식기라고 할 수 있다. 마치 벌이 식물의 세계에서 하는 것처럼, 항상 새로운 형식을 풍요롭게 하고 진화할 수 있게 한다. 기계 세계는 인간의 소망과 욕망을 촉진함으로써, 즉 인간에게 부를 제공함으로써 인간의 사랑에 보답한다"(McLuhan, 2003: 68~69).

매클루언에게 도구는 테크놀로지인 동시에 미디어를 의미한다. 그때 미디어는 인간의 확장이다. 결국 인간은 미디어를 만들어 내고, 그 미디어는 인간을 변형하는 과정을 반복하게 되는 것이다. 새로운 미디어는 인간의 생각과 행동을 바꿔 놓는다. 결국 인간은 도구를 만들고, 그 도구는 인간을 만드는 셈이다. 그 역사가 반복되어 생성형 AI까지 왔고, CES 2025는 그 현실을 보여 준다.

불과 몇 년 전까지만 해도 미디어의 진화와 관련해 사물 인터넷(IoT)이라는 말이 유행한 적이 있다. 그와 더불어 클라우드, 빅 데이터, 모바일을 묶어서 세태를 묘사했다. 이른바 대륙 간 탄도미사일(ICBM)이었다. 그만큼 위력적이란 의미의 비유였다. 지금은 AI가 대세를 평정했다. AIoT라고 해야 할까? 모든 사물에 AI가 탑재되어 있는 것이다. 모든 사물에 피지컬 AI, 모든 사람에게 에이전트 AI(Agent AI)로의 결합은 시간문제일 뿐이다. 테크놀로지의 발전은 점점 속도를 높이는 경향이 있다고 했듯이 정말 놀라운 변화다.

피지컬 AI와 에이전틱 AI는 현재 AI 분야에서 가장 첨단을 달리는 테크놀로지다. AI가 현실 세계와 더욱 밀접하게 상호작용하고, 더 높은 수준의 자율성을 갖게 되는 방향으로 발전하고 있다.

피지컬 AI는 AI가 디지털 영역을 넘어 현실 세계, 즉 물리적 환경에서 직접 인지하고 이해하며 자율적으로 행동하고 상호작용하는 기술을 의미한다. 단순히 기계에 AI를 탑재한 전통적인 로보틱스를 넘어, AI 기반 모델이 실제 환경과 직접 상호작용하며 스스로 인식하고 행동하는 상위 기술 영역으로 간주된다. 휴머노이드 로봇에서 보듯이 AI가 가상 영역을 넘어 현실에서 직접 작동하는 시대로 접어들고 있는 것이다.

에이전틱 AI는 스스로 목표를 설정하고 자율적으로 업무를 수행하는 자율성과 판단 능력을 갖춘 시스템이다. 단순한 자동화를 넘어 실시간으로 사고하고 행동하며, 적응하는 지능형 AI 기술을 의미한다. 에이전틱 AI는 복잡한 작업을 계획하고 실행하는 능력을 갖추고 있다고 한다. 기억, 계획 수립, 환경 인식, 도구 활용, 안전 기준 준수 등 다양한 AI 기술을 통합하여 독자적으로 작업을 수행한다는 것이다.

단일 AI 에이전트에서 나아가 여러 전문화된 에이전트들이 협력하여 복잡한 비즈니스 과제를 해결하는 방향으로 발전하고 있으며, 거대 언어 모델(LLM, Large Language Model)의 추론 능력 향상과 메모리 및 컨텍스트 윈도의 확장은 에이전틱 AI의 자율성과 성능 향상에 크게 기여하고 있다고 한다.

피지컬 AI는 AI가 물리적 세계에서 직접 행동하는 것을 목표로 하며, 에이전틱 AI는 AI가 디지털 환경에서 자율적으로 계획하고 실행하는 능력을 의미한다. 이 둘은 상호 보완적인 관계에 있다. 피지컬 AI가 효과적으로 작동하기 위해서는 에이전틱 AI의 자율적인 의사 결정 및 계획 능력이 필수며, 에이전틱 AI가 물리적 세계에 대한 이해와 상호작용 능력을 갖추면 피지컬 AI로서의 역량이 더욱 강화될 것이다. 궁극적으로는 이 두 기술이 융합되어 현실 세계에서 더욱 복잡하고 지능적인 작업을 수행하는 AI 시스템이 등장할 것으로 전망하고 있다.

참고문헌

도현신(2019). 《전쟁이 발명한 과학기술의 역사》. 시대의창.
한국경제신문(2025). 《한경무크 CES 2025》.

Bergson, H(1907). *L'évolution créatrice.* 황수영 옮김(2005). 《창조적 진화》. 아카넷.

McLuhan, M.(2003). *Understanding media: The extentions of Man.* Gordon, W. T.(ed.). Ginko Press.

06
세대 구분과 미디어 생태계

MZ 세대로 불리는 2030 세대는 이전 세대와 근원적으로 다른 진짜 신인류다. 1990년대를 풍미한 서태지와 아이들, 015B 등과 관련해 신인류의 등장이라고 했던 적이 있다. 그러나 MZ 세대와 알파 세대가 진짜 신인류로 부상했다. X 세대가 텔레비전 영상 세대였다면, MZ 세대는 인터넷과 스마트폰으로 대표되는 디지털 세대라는 사실이다. 그 가운데 M 세대는 디지털 이주민, Z 세대는 디지털 원주민이라고 한다. 진정한 디지털 원주민은 Z 세대와 그 아래 알파 세대까지 포함해서 지칭하는 잘파 세대일 것이다.

AI와 민주주의?

인간은 조직에서 배제된다든지 홀로 남겨지는 걸 두려워한다. 원시인류 시기부터 함께 생활하고 협력함으로써 험한 환경을 견뎌왔기 때문이다. 인터넷과 SNS가 등장하면서부터 홀로 지내며 고립을 선호하는 사람들이 생겼다. 나아가서 그런 사람들끼리 디지털 공간에서 대화를 주고받으며 지낸다. 혼자가 아니다. 현실 공간에서의 고립을 가상공간에서의 교류로 대체하는 것이다. 함께 협력하며 지내는 인간의 본성에서 볼 때 가상공간에서나마 함께하는 사람들이 있다는 것은 다행이라고 할 수 있다. 그러나 그들끼리 사회의 통념을 거부하면서 반사회적 태도를 보인다면 문제는 달라진다.

예를 들어 일베나 펨코에서 분출되는 발언들은 과격한 불만의 표현과 함께 지역감정 조장, 특정 지역 비하, 여성 혐오, 중국(인) 혐오, 역사 왜곡, 부정선거 의혹 확산 등으로 나타나 매우 심각하다. 극우 성향의 유튜버들은 이들의 주장을 확대 재생산하며 수익을 올린다. 더욱더 문제는 걸러지지 않은 채 남발하는 선정적인 발언들에 동조하며 그 주장을 정치권으로 끌어들이는 정치인들이 있다는 점이다. 2022년 대통령 선거에서 아무런 내용도 없이 '여가부 폐지'를 선언하고 반국가 세력 운운하던 윤석열이 계엄을 선포하고 내란을 일으킨 일이나, 탄핵 재판 과정에서 일어난 서부지방법원 폭력 사태도 이들 사이트 및 유튜브 방송과 관련이 있다. 급기야 2025년 5월 27일 대통령 선거 TV 토론에서는 이준석 후보가 충격적인 여성 혐오 발언을 적나라하게 했다.

실시간 지상파방송을 보던 시청자들은 충격을 받았고 후보 사퇴 여론이 비등했지만, 이들 사이트에선 전혀 분위기가 달랐다. 펨코(FM코리아)에서는 "2030 목소리 들어 주는 사람 나왔는데도 안 찍어 주면 앞으로 정치권이 2030 말 안 들어 준다고 말할 자격도 없겠다 싶어서 찍고 나옴", "사실 이준석이 당선될 확률은 없음. 근데 이준석을 지지하는 사람들이 많다는 것을 보여 줘야 됨. 특히나 젊은 2030 남자들을 위해 목소리를 내주고 있는데 우리가 안 찍어 주면 이후로 더 나아갈 힘이 없어지는 거임" 등 한목소리로 이준석을 지지하고 두둔했다. 이준석은 이들의 지지를 받으려고 의도적으로 여성 혐오 발언을 한 것으로 보이고, 비판 여론이 비등해도 사과하지 않은 채 자신의 발언을 고수했던 것으로 보인다.

표 6-1. 2025 대선 출구 조사 연령별 표심(%)

		이재명	김문수	이준석	권영국
20대 이하	남	24.0	36.9	37.2	1.6
	여	58.1	25.3	10.3	5.9
30대	남	37.9	34.5	25.8	1.6
	여	57.3	31.2	9.3	2.1

소외와 고독의 두려움, 우리와 남의 2분법 대립과 반목을 낳는다

원시인류는 공동체 구성원의 숫자가 던바의 수인 150명을 넘어서면서 신을 섬기고 종교에 의존하기 시작했다고 한다. 공동생활을 하는 150명까지는 '나'와 '우리'가 되고, 그 밖의 사람들은 '남'이고 '적'이다. 섬기는 신과 종교가 다른 것은 물론이다. 언어도 다르다. 그래서 낯선 사람이 나타나면 쫓아내든지 위해를 가한다. 자기 공동체의 소속감을 가지고 협력하고 뭉치는 반면에 다른 공동체는 모두 적이다. 혼자는 약하기 때문에 조직에 속하려 하고 다른 공동체 구성원을 적대시하는 것은 유전자에 새겨진 본능이 됐다. 자기가 믿는 종교만 선이고 다른 모든 종교는 배척하고 때로는 치열하게 싸운다. 정치의 영역에서 정당은 집권을 위해 치열하게 경쟁하며 뭉

친다. 한 정당 내에서도 조금만 생각이 다르면 분열해서 치열하게 싸운다. 국제 관계에서도 마음을 열고 우의를 나누는 나라는 없다. 대한민국 2030 세대의 우경화는 가까운 미래 민주주의와 국가 사회에 크나큰 불안 요소가 될 것이다. 2025년 대통령 선거에서 2030 세대의 선택을 보자.

20대 남자의 표심은 74.1%가 김문수와 이준석에게 쏠려 있는 반면에 20대 여자는 35.6%로 절반에도 미치지 못했다. 30대 남자는 60.3%가 김문수와 이준석을 선택했다. 30대 남자는 35세를 기준으로 전과 후가 갈릴 것으로 보인다. 이에 비해 40대와 50대는 남녀 공히 민주당 후보에 70% 안팎의 압도적 지지를 보냈고, 60대는 팽팽하게 균형을 유지하는 것으로 나타났다. 60대 남자는 48.6%, 여자는 47.5%가 민주당 후보를 선택했다. 국민의힘 선택은 남자 47.7%와 여자 50.0%였다. 무엇이 이런 차이를 유발했을까? 여러 가지 정치적, 경제적 원인들을 제기할 수 있겠지만, 미디어 이용의 차이가 무시할 수 없을 정도로 작용했을 것이라고 본다.

40대는 1975년~1985년 사이, 50대는 1965년~1975년 사이에 태어났을 것이다. 소위 X 세대에 해당한다. 이 시기는 인터넷이 시민사회에 보급되기 전이다. 이를테면 신문과 방송이라는 전통적인 미디어가 지배하는 시대였다. 문자 매체의 시대에 TV 방송이 막 등장한 시기에 해당하기도 하다. 매체 파워는 TV 방송이 압도적이었지만, 내용으로는 신문이 여론을 주도하는 시대였다. 시각적 문자 매체 우위의 시대였다고 할 수 있겠다. TV의 영향력으로 인해 약간의 감성적인 분위기도 있었지만, 문자 매체 우위로서 논리적, 선형적 경향이 형성되어 있었다고 볼 수 있다.

무엇보다도 이 시기는 오랫동안 유지되어 온 매스 미디어의 시대로서 여론의 형성은 매스 미디어에서 불특정 대중에게 일방향 수직적으로 이루어졌다. 60대 이상은 이 구도에서 보수적 성향이 강화되었을 것이다. 이때 독재 정권에 반기를 든 게 소위 386이다. 불과 5년 전만 하더라도 60대는 지금의 70대와 정치적 성향이 비슷했다. 그러나 386의 일부가 60대에 진입함으로써 균형을 맞추게 된 것으로 볼 수 있다. 386의 형성에 영향을 준 것은 출판 저널리즘이었다. 언론이 통제되던 박정희 · 전두환 시기에 리영희, 송건호 등 저항적 지식인들의 출판물이 이들의 등장을 가져왔던 것이다. 특히 리영희 교수의 《전환시대의 논리》, 《우상과 이성》, 《8억인과의 대화》 등은 이들에게 지적 충격을 줌으로써 386세대의 형성과 등장에 절대적인 요인을 제공했다.

경천동지의 변화, 매스 미디어에서 퍼스널 미디어로

그리고 이어서 소위 MZ 세대의 등장이다. 문제의 2030 세대다. M 세대는 1985년~1994년, Z 세대는 1995년~2005년에 태어난 세대를 일컫는다. 그리고 2006년 이후 태어난 알파 세대도 있다. Z 세대와 알파 세대를 묶어 잘파 세대라고도 한다. M 세대는 인터넷 시대에 성장한 첫 세대로서 모바일 미디어와 SNS에 친숙하다는 특징이 있다. M 세대는 외환 위기를 당해 청년 실업의 고통을 받았고, 코로나(COVID)19의 대유행을 겪기도 했다. Z 세대는 유아기부터 인터넷은 물론이고 휴대폰과 함께 성장했다는 점에서 디지털 원주민이라고 불린다. TV를 시청하며 성장한 X 세대 부모들과 대비된다. M 세대의 부모는 베이비붐 세대의 자녀들이다. M 세대에서부터 자녀가 적게 태어났고, Z 세대 이후로는 한 자녀가 보통이 되기도 했다.

이들 세대의 성향은 이렇게 주류 미디어의 교체와 깊은 관련이 있다. MZ 세대는 성장하면서 인터넷 및 스마트폰과 함께 자란 세대다. 신문은 물론이고 지상파방송,

케이블방송, 위성방송 등 전통적인 방식의 미디어는 익숙하지 않다. 그리고 지금은 SNS와 더불어 유튜브와 넷플릭스로 대표되는 OTT까지 품게 되었다.

따라서 이들 세대는 40대 이상 세대와는 많이 다르다. 일방향 수직적인 매스 미디어에서 쌍방향 수평적인 퍼스널 미디어로의 변화가 가져온 영향이 크다. 미디어가 확연히 다른 만큼 감각과 지각 패턴이 다르고, 생각과 행동도 다르다. 그중에서 펨코에서 노는 2030 남성들은 세상에 대한 불만을 각종 혐오로 표출하는 경향이 있다. 불행하게도 그 수가 만만치 않아서 2022년 대선에서 윤석열이 당선하는 데 결정적으로 기여했으며, 같은 세대인 이준석을 국민의힘 대표로 만들고 대통령 후보로서 그에게 8%의 지지를 보냄으로써 홀로서기를 가능하게 해줄 만큼 강하다.

이들을 방치해 둘 수는 없다. 전혀 다른 미디어 생태계에서 자랐기 때문에 기성세대와 다른 것은 당연하다. 2015년 강력한 페미니즘의 등장과 2017년 인천공항 비정규직의 정규직화로 촉발된 공정성과 능력주의의 대두, 군 복무 가산점 폐지, 연금 개혁에 대한 불만 등이 분출되었다. 2021년 4월 서울시장 보궐선거에서 20대 남성의 72.5%가 오세훈 국민의힘 후보에게 투표(출구 조사 결과)한 것으로 나타나면서 정치권은 본격적으로 '이대남'을 호명하기 시작했다(경향신문, 2025). 일베나 펨코에서 과격한 언사를 쏟아 내고 극우 유튜브에 동조하며 윤석열이나 이준석을 지지하는 젊은이들의 조건을 잘 살펴봐야 한다. 특히 미디어 접촉 패턴과 사회 경제적 조건을 살펴볼 필요가 있다.

경남대학교 사회학과 양승훈 교수는 2030이 민주당을 택하지 않는 이유에 대해 민주당이 2030을 끌어오기 위한 정책적인 노력이 부족했다면서 "한국 사회는 다양한 형태의 개인들이 잘살 수 있는 방향에 대한 모델이 없는 셈인데 민주당도 특별한 모델이 없어 보인다. 불안정한 일과 삶 속에서 '생존'을 걱정하고 있는 젊은 세대에게 민주당이 주류화되기 어려운 이유다"라고 말했다. 그리고 "혐오 · 증오 · 차별 · 불평등을 반대하는 정치를 하기 위해서는 이들을 포용할 수 있는 대안적인 언어와 정책 프로그램을 잘 설계해야 한다"라고도 했다(중앙일보, 2025).

그렇다고 해서 국민의힘이 민주당과 대비해서 특별히 2030을 끌어오기 위한 정책적인 노력이 뛰어났다든지, 생존을 위한 특별한 모델이 있는 것도 아니다. 비평을 이렇게 편향되게 하면 안 된다. 어느 정당이든지 이들을 포용할 수 있는 대안적인 언어와 정책 프로그램을 잘 설계해야 할 필요는 있다. 미디어 정책도 필수다.

미디어 정책이 절실하다

민주당의 문제는 바로 그 미디어 정책이 없거나 부실하다는 점이다. 언론 개혁 정책이라고 하는 것도 해묵은 공영방송 지배 구조 개선이 전부가 아닌가 싶다. 공영방송 이사회의 구성 방법을 언론 개혁의 과제로 설정해 놓고 논쟁을 해 온 것은, 김대중 정부에서 1998년 12월 출범한 방송개혁위원회로부터 본다면 27년이다. 이것도 시민사회의 요구를 반영한 것이니 30년이 훌쩍 넘는다. 방송개혁위원회는 2000년 출범한 방송위원회를 성과로 남겼지만 결과적으로 임시변통에 지나지 않았다. 방송 개혁의 문제는 공영방송 이사회 구성과 사장 선임 방식이 아니라 정치권의 의지와 결단에 달려 있다. 선출하되 간섭을 하지 않는 문화의 구축이다. 본질은 제도가 아니라 운영에 있다는 사실에 합의하고 실천하는 일이다.

진짜 중요한 일은 명실상부한 미디어 정책의 수립이다. 20대를 지나 나이가 들수록 세계관을 바꾸기는 쉽지 않다. 인간은 고등학교 내지는 대학교까지 해서 평생을 가는 세계관이 형성된다. 이 세계관은 쉽게 바뀌지 않는다. 사람 쉽게 바뀌지 않는다는 말을 할 때, 그 근거가 바로 이것이다. 60대 중반 이후 70대의 세계관은 박정희 시대에 형성된 것이다. 따라서 집중해야 할 대상은 알파 세대가 될 것이다. 이들이 MZ 세대의 전철을 밟지 않도록 인문학과 사회과학, 자연과학에 두루 걸쳐 학습할 수 있도록 세심한 정책을 수립해 실천할 필요가 있다. 물론 MZ 세대의 사고를 교정해야 하는 숙제도 포기해서는 안 될 것이다.

프로게이머 출신으로 MZ 세대, 특히 20대 남자들의 극단적 우경화가 보수 정부의 일베와 펨코 등을 겨냥한 조직적인 인터넷 선전의 결과라고 보는 노무현 재단 황희두 이사의 말을 참고할 필요가 있겠다(한겨레신문, 2025).

—이대남 문제를 어떻게 풀어야 할까요?

"장기전이 될 수밖에 없습니다. 이미 또래 문화에 영향을 준 상황이거든요. 예를 들어 노무현 전 대통령에 대해서 지금도 10대들이 선생님 면전에서 조롱한다는 제보가 오고 있거든요. 아까 말씀드린 대로 국정원이 공작으로 물량 공세를 퍼부었고 일종의 유행을 만들어서 이제는 자발적으로 하는 사람들이 생겨난 거죠."

―문화를 만들었다?

"일단 문화가 형성되면 법과 제도로 절대 해결이 불가능합니다. 단기적으로 법을 만들어서 해결하는 건, 물론 필요하지만 거기에만 의존해서 안 돼요. 이건 사이버 내란입니다. 내란 특별법 얘기가 최근에 나왔는데 사이버 내란 관련한 특별법도 필요합니다. 그런 식으로 법과 제도를 개선하는 것도 필요하지만, 핵심은 또래 문화 안에서 '밈 전쟁' 형식으로, 유머를 가장해서 혐오를 뿌리는 형태로 퍼지고 있는 현상이거든요. 지금도 이재명 대통령 멸칭 붙이는 놀이를 하고 있어요. 결국 또래 집단 안에서 매력적인 스피커들이 나올 때까지 많은 에너지를 쏟아야 합니다. 이 유행이 재미없고 낡은 거라는 인식을 만들고 또 선을 넘는 허위 사실 유포, 예를 들어 사자 명예 훼손 등에 대해선 개별적으로 책임도 묻고 플랫폼 차원에서 규제할 건 규제하고, 교육은 교육대로 해야 합니다. 가장 중요한 게 '밈 전쟁'이라고 생각합니다."

국정원 공작이라는 말은, 리박스쿨을 지칭하는 것으로 보인다. 리박스쿨은 이명박 정부의 국정원이 주도해 청소년들에게 왜곡된 역사 인식을 주입하고 댓글 공작을 하는 등의 활동을 해 왔다고 한다. 일단 문화가 형성되면 법과 제도로 해결이 불가능하다는 말은 유년기에서 청소년 시기에 걸쳐 주입된 세계관이 평생을 간다는 인간의 본성을 의미한다. 대책을 세워야 할 것이다.

참고문헌

경향신문(2025.6.8). "혐오정치 그만하고 집권 여당 민주당이 제대로 대응해야".

중앙일보(2025.6.7). "2030은 민주당의 아픈 손가락, 그 틈 범보수가 파고들었다".

한겨레신문(2025.7.3). "리박스쿨은 빙산의 일각… '밈 전쟁'에서 놀이가 된 혐오 밀어내야".

07
미디어 리터러시 교육과 AI 리터러시 교육의 방향

할루시네이션이라는 현상도 있고, 인터넷에 유통되는 빅 데이터의 특성상 허위 정보도 적지 않다는 점, 그리고 AI의 올바른 이용이 무엇인지를 고려하여 AI 리터러시의 방향에 대해 설명할 것이다. AI 또한 미디어란 점에서 전반적으로 미디어 리터러시 교육의 방향을 제시하고자 한다.

AI와 애니메이션?

한국언론재단은 2009년부터 '미디어교육 전국대회'를 개최해 왔다. 2024년 11월 15일부터 17일까지 열린 대회에 참관한 대학생 기자의 소감이다.

> "개인적으로는, 미디어 리터러시 교육과정에 미디어의 역사, 회사의 소유 구조, 마케팅 방식, 자본의 흐름 등의 내용이 들어가야 한다는 이야기가 가장 흥미로운 지점이자 공감되는 부분이었다. 미디어를 비판적으로 바라보기 위해서는, 미디어가 생산되는 과정을 파악하고 해당 콘텐츠를 생산하는 기업이 원하는 것은 무엇인지, 그리고 그들이 어떤 이익을 보게 되는지 이해하는 것이 가장 빠른 방법인 것 같다. 어쩌면 그동안의 교육에서는 이런 지점을 배제한 채 비판적 시각 그 자체에만 집중해 오지 않았나 하는 생각이 들었다."(한국언론진흥재단, 2024)

초등학교와 중 · 고등학교에서는 일부 열성 교사들 주관으로 미디어 교육을 시행하고 있다. 한국언론재단이 학교와 시민사회를 대상으로 미디어 교육을 실시하고 지원하기도 한다. 바람직한 일이다. 그러나 문제는 철학과 내용이다. 미디어 리터러시 교육이라고 해서 미디어의 이론에만 매달려서는 결코 미디어 리터러시를 성취

하기는 어려울 것이다. 미디어 교육은 미디어의 역사, 회사의 소유 구조, 마케팅 방식, 자본의 흐름 등을 넘어서서 더 넓은 지식의 세계를 학습해야 한다. 비판적 시각이 새로운 비전을 보장해 주는 것은 아니다. 다양한 교양 교육으로 무장함으로써 미디어의 세계를 내려다볼 수 있어야 한다. 그렇게 하다 보면 자연스럽게 미디어의 모순과 허상이 보일 것이다.

미디어 리터러시 교육은 미디어 콘텐츠에 대한 비판적 이해를 배양할 수 있을까?

미디어 교육을 전공한 국문학자 정현선(2007)은 "미디어 교육의 핵심적 목적은 미디어에 대한 비판적 인식과 태도를 바탕으로 미디어의 의미를 해석하고 수용하며, 더 나아가 스스로 미디어를 통해 창의적으로 의미를 표현하고 소통할 수 있는 능력을 기르는 데 있다"라고 한다. 미디어 교육을 위한 구체적인 방법으로는 미디어 텍스트의 비판적 분석, 미디어를 통한 자아 표현, 제작 훈련 등 세 가지 모델을 제시했다.

언론학자 김옥태와 유홍식(2020)은 미디어 리터러시에 대해 "다양한 미디어들이 생산하여 유통하고 있는 콘텐츠를 비판적으로 이해 · 분석하면서 활용하고 공유할 수 있는 능력, 미디어 콘텐츠를 바탕으로 타인들과 소통하고 표현할 수 있는 능력"을 의미한다고 한다. 그래서 김옥태와 유홍식은 "시민들이 미디어 리터러시 교육을 통해 좋은 미디어 콘텐츠를 선별하고 비판적으로 이해하고 소비할 수 있게 되면 미디어 생태계의 건강성을 회복하고, 건강한 미디어 생태계는 다시 건강한 시민사회 형성에 기여한다. 이러한 선순환 구조를 갖는 출발점이 바로 미디어 리터러시 교육"이라고 강조했다(김옥태 · 유홍식, 2020: 47). 언론학자들 대부분이 비슷한 생각일 것이다.

강상현은 미디어 교육을 국가 차원에서 하도록 건의했다. 연세대 언론홍보영상학부 교수였던 강상현의 말이다. "미디어를 통해 세상을 인식하는 요즘, '국 · 영 · 수'보다 더 중요한 것은 정보들을 분별할 수 있는 능력을 가르치는 미디어 교육이라고 생각해요. 국가 차원의 미디어 교육으로 수용자가 좋은 언론을 골라 보기 시작하면 자연스럽게 언론 신뢰도 회복될 거라고 봅니다"(한겨레신문, 2022).

미디어 교육을 받으면 미디어 콘텐츠를 비판적으로 이해하고 소비할 수 있게 될 것이라고 한결같이 주장한다. 그럴까? 펨코에서 활약하는(?) 2030 남자들이 미디어 교육을 받으면 편향적이고 거친 글을 써 오던 것을 반성하고 새롭게 변신하게 될까? 기대하기 어렵다. 미디어를 전공한 교수와 박사들 가운데서도 조선일보에 동조하며 가짜 뉴스에 호응하는 이들이 적지 않다. 미디어학과(신문방송학과) 출신으로 저널리스트가 되면 객관적이고 공정한 보도를 하게 될까? 미디어 (리터러시) 교육과 미디어 콘텐츠의 비판적 이해와는 유의미한 관계가 별로 없는 것으로 보인다. 한국언론재단을 비롯해서 여러 단위에서 진행되고 있는 미디어 리터러시 교육은 문제가 있다고 보아야 할 것이다. 그렇다면 어떻게 해야 할까?

국가 차원의 미디어 교육은 오래전부터 미디어학계에서 정부에 요구해 온 사안이다. 정보들을 분별할 수 있는 능력을 가르치는 미디어 교육이 진짜 '국 · 영 · 수'보다 더 중요한 것일까? 미디어 교육은 정보를 분별할 수 있는 능력을 배양하기 어렵다. 미디어 이론을 익혔다고 해서 다양한 분야의 정보를 분별할 수 있는 능력이 생기지는 않는다. 그런 것은 대학의 미디어학과에서도 가르치지 않는다. 정보를 분별할 수 있는 능력은 미디어 교육보다는 오히려 '국 · 영 · 수'에서 배양된다. 입시 교육에서 자유로운 '국 · 영 · 수'를 기본으로 해서 인문학에서 자연과학까지 두루 지식을 습득하게 되면 자연스럽게 진실 여부를 분별하고 미디어 콘텐츠를 비판적으로 수용하는 능력이 배양될 것이다. 미디어 교육은 융합적 사유를 하는 교양 교육이어야 한다.

인간의 긴 유년기를 고려한 교육이어야 한다

미디어 교육이든 AI 리터러시 교육이든 인간의 긴 유년기를 고려하지 않는 교육은 소기의 성과를 달성하기 어렵다. 동물들 가운데 인간의 유년기는 유독 길다. 뇌의 성숙 기간이 필요하고, 성인이 되어 독립할 때까지, 이를테면 유아 시절부터 고등학교 내지는 대학교까지 배워야 할 게 너무 많기 때문이다. 그 배움이 그보다 훨씬 오랜 세월을 살아가는 데 필요한 자산이 되는 것이다. 이 시기까지 경험하고 배우면서 형성된 세계관이 평생을 간다.

갓난아이의 뇌는 성인의 30% 상태로 태어나서 세 살이면 성인 뇌의 70%까지 성장한다. 이 시기는 일생 중 학습 속도가 가장 빠른 시기이며, 만 여섯 살이 되면 뇌의 무게가 성인의 90%에 이른다(Sagan, 1977: 48). 또 한편으로 10~12세 시기에 뇌의 하드웨어가 거의 완성되고, 그 기반 위에 소프트웨어가 채워진다는 사실도 유념해 둘 필요가 있다. 태교도 중요하고, 태어나 부모와 함께 지내는 3년 동안의 경험이 오랫동안 영향을 미친다. 그사이 중2병도 앓고, 사춘기도 겪으면서 진행되는 고등학교까지의 교육과 경험에서 평생을 가는 사회성이 형성되는 것이다. 이 시기의 친구가 평생을 가고, 성품도 평생을 간다.

민주 시민 교육을 보자. 주로 시민사회에서 시민운동 차원에서 산발적으로 진행되는 민주 시민 교육은 주로 성인들 대상이다. 올바른 세계관이 형성된 성인들은 정작 민주 시민 교육이 절실하게 필요한 사람들이 아니다. 20대 이후가 되어 세계관이 굳게 자리 잡은 민주 시민들은 굳이 민주 시민 교육이 필요한 사람들이 아닐 수 있다. 진짜 민주 시민 교육이 필요한 사람들은 찾아오지 않는다. 세계관이 맞지 않기 때문이다. 그들은 오랜 유년기 동안 받은 교육과 경험에서 유전자 회로가 가동되었기 때문에 쉽게 바뀌지 않는다. 미디어 교육도 다르지 않다.

미디어 교육의 경우 초·중등학교까지는 어느 정도 긍정적인 영향을 미치겠지만, 강제성이 없기 때문에 효과는 제한적일 것이다. 그것도 제도 교육에 포함된 것이 아니라 뜻있는 교사들의 열정이 이끌어 가는 형편이다.

고등학교에 진학하면 대학 입시에 전념해야 하기 때문에 그나마 미디어 교육은 불가능해진다. 초·중등학교에서 산발적이나마 배운 교육은 성인이 되어서도 연결이 될까? 그 기억이 남아 있는 사람들은 미디어 교육의 현장을 찾아올 것이다. 이 경우도 공감하는 사람들이 찾아오지 백지상태로 찾아오는 사람들은 드물 것이다. 그런 사람들은 세계관에 맞는 강좌를 찾아갈 것이다. 세계관이라고 해서 꼭 철학에서 논하는 세계관은 아닐 수 있다. 이때 미디어 리터러시 교육도 선호하는 내용을 선택하게 될 것이다. 따라서 미디어 교육을 통해 사람들의 생각을 바꾸기는 쉽지 않다. 그런 사람들은 찾아오지 않는다.

교육은 백년지대계라고 한다. 조급하게 효과를 보려하지 말고 길게 보아야 한다. 이미 성인이 된 사람들보다는 유아 시절에서부터 시작하도록 해야 한다. 그러자면 국가가 주도하거나 프로그램에 따라 체계적으로 교육기관을 지원하는 정책을 수립해 실시해야 한다. 무엇보다도 미디어 리터러시 교육은 미디어 이론을 익히는 것이 아니라 폭넓은 교양 교육이어야 한다.

AI 리터러시 교육의 방향

생성형 AI의 등장은 미디어 교육에도 기회가 될 수 있다. AI 리터러시 교육도 유아에서 청소년 시기까지의 긴 유년기를 고려한 교육이어야 함은 물론이지만, 성인들도 처음 경험하는 미디어이기 때문에 AI에 대한 종합적인 교육 프로그램을 기획해 실행하는 가운데 미디어 리터러시 교육을 병행한다면 효과를 거둘 수도 있을 것이다. 디지털 원주민이나 이주민에 해당하는 MZ 세대와 알파 세대는 특별히 AI 리터러시 교육을 하지 않아도 스스로 깨우칠 것이다. 그 점을 감안해 그들에게 필요한 교육을 해야 한다. AI 리터러시 교육이 보다 더 절실하게 필요한 사람들은 그 윗세대들이다. 이 세대들을 대상으로 교양 교육 차원의 AI 리터러시 교육을 한다면 부분적으로라도 올바른 세계관을 갖게 될 수도 있을 것이다.

미디어 교육이라고 해서 미디어 학자들에게만 맡길 일은 아니다. 폭넓은 교양 교육이어야 하기 때문이다. 1987년 민주화 운동을 겪은 이후 1990년대는 시민단체들 주도의 시민 교육 강좌가 전성기였다. 민언협(지금의 민언련)도 '언론학교'라는 이름의 시민 강좌를 개설했다. 분기별로 1년에 4회 실시했는데, 매번 만석의 성황을 이루었다. 강좌를 듣겠다고 찾아온 사람들의 성향을 분류해 보면, 거의 예외 없이 진보적 내지는 비판적 지식인들이었다. 강사들도 그렇게 구성되었다. 수강생들 가운데 상당수가 회원이 되어 활동했다. 그 힘으로 언협은 해직기자 단체에서 시민운동 단체로 발전할 수 있었다. 20년 정도 지나자 수강생이 점점 줄어들어 지금은 하지 않는다. 디지털 시대를 감안한 교육으로의 전환이 이루어지지 않았기 때문일 것이다.

그 경험에서 볼 때, 성인들의 경우 미디어 콘텐츠에 대한 비판적 안목을 배우려는 목적으로 미디어 교육을 받겠다는 사람들은 드물 것이다. 그러나 AI 리터러시 교육은 다를 수 있다. 생성형 AI가 사회에 충격을 주며 등장한 지 채 2년도 지나지 않았다. 따라서 AI 리터러시 교육은 모든 연령에 걸쳐 수요가 있을 것이다. AI 자체가 융합적인 지식을 요구하기 때문에 자연스럽게 교양 교육이 되어야 할 것이고, 그 과정에서 미디어 문해력도 제고할 수 있는 교육 프로그램을 개발해야 할 것이다.

1990년대, 서태지와 아이들

2030 세대와 4050 세대를 가르는 분기점은 1992년 '서태지와 아이들'의 등장이었다. 이때는 TV의 전성기였던 동시에 PC 통신이 걸음마를 시작하던 시기이기도 하다. 서

태지와 아이들은 댄스그룹과 랩, K-팝의 원조였고, BTS로 이어진다. 트로트와 발라드가 인기를 구가하던 가요 시장에 서태지와 아이들이 혜성같이 등장했던 것이다. 미디어 생태계는 지상파방송 전성기에 신문 구독률이 70%를 기록한 이른바 레거시 미디어의 전성기였다. 인터넷과 케이블 TV도 없었고 PC 통신이 걸음마를 걷는 수준이었다. 당시 서태지와 아이들에 호응했던 10대와 20대는 지금의 4050 세대에 해당한다.

지금의 2030과 4050의 사이를 가르는 경계는 바로 인터넷이었다. 월드 와이드 웹(WWW)이 결합된 인터넷이라는 새로운 토양에서 SNS와 유튜브, 포털, 스트리밍 서비스가 빠른 속도로 확산되었다. 과거 인쇄 매체와 방송 매체의 성장 속도를 월등히 앞섰다. 신문과 방송을 대체하는 새로운 생태계의 등장이었다. 인터넷 기반의 미디어는 신문과 지상파 방송을 레거시 미디어로 밀어내며 대세를 장악했다. 2030 세대는 태어나면서부터 바로 이러한 미디어 생태계를 배경으로 성장했다. 따라서 이 배경을 진지하게 고려하지 않으면 그들을 이해할 수 없다. 이 마당에 구태의연한 미디어 리터러시 교육이 소기의 성과를 거두기는 어려울 것이라는 점은 자명하다.

AI 리터러시 교육은 미디어 리터러시 교육의 연장이

표 7-1. AI 시대 아홉 가지 필수 능력과 인간 지능

문해력	언어 지능 / 논리 수학 지능 / 시공간 지능
통합 통찰력	존재 지능 / 시공간 지능
창의력	창의성 / 상상력 / 시공간 지능
AI 리터러시	논리 수학 지능 / 언어 지능
기술 변화 적응력	논리 수학 지능 / 언어 지능 / 문제 해결 실행력
지식 정보 가치 판단력	논리 수학 지능 / 언어 지능
공감 기반 협업 능력	공감 지능 / 대인 관계 지능
경험 체화 능력	경험 체화 능력 / 신체 운동 지능
정서적 인간다움	자연 동화 지능 / 음악 지능

출처: 맹성현, 2024, 337쪽

다. AI도 미디어이기 때문이다. AI 리터러시 교육은 미디어 리터러시 교육을 포괄한다. 나누어서 할 필요도 없고, 그래서도 안 된다. 미디어 리터러시는 AI 리터러시 교육에 의해 해소되도록 진행되어야 할 것이다. 이런 전제에서 당장에 2030 세대 교육을 어떻게 할 것인지, 그리고 긴 호흡으로 알파 세대를 대상으로 한 미디어 정책은 어떻게 수립하고 시행할 것인지에 대한 고민부터 해야 할 것이다.

참고로 표 7-1에서 보듯이, AI를 이해하고 바르게 사

용하기 위해 필요한 소양이 다방면에 걸쳐 있는 것을 알 수 있다. 'AI 시대 아홉 가지 필수 능력과 인간 지능'이란 것은 넓은 의미의 AI 리터러시에 해당한다. 미디어 리터러시를 미디어 콘텐츠의 비판적 이해로 한정하는 것과 대조적이라는 사실을 알 수 있다. 비판적 이해는 교육과정에서 자연스럽게 습득되는 것이다. 이 가운데 가장 중요한 것은 창의력이다. 창의력은 한 분야에 국한된 전문 지식으로는 발현하기 어렵다. 맹성현 교수는 책의 결론에 해당하는 장에서 AI 리터러시를 위해서는 이렇게 인문 · 사회 · 자연과학 분야에 두루 능통해야 한다는 사실을 강조했다. AI는 모든 분야의 지식을 학습한 상태에서 어떤 종류의 질문에도 답을 내놓을 수 있도록 준비하고 있다는 사실을 유념해야 할 것이다.

참고문헌

김옥태 · 유홍식(2020). 《아동·청소년과 미디어》. 방송통신대학교 출판문화원.

맹성현(2024). 《AGI 시대와 인간의 미래》. 헤이북스.

정현선(2007). 《미디어 교육과 비판적 리터러시》. 커뮤니케이션북스.

한겨레신문(2022. 6. 30). "국·영·수보다 좋은 언론 가려내는 '미디어 교육' 중요해요".

한국언론진흥재단(2024). 《미디어 리터러시》 12호.

Sagan, C.(1977), *The dragons of Eden*. 임지원 옮김(2006). 《에덴의 용: 인간 지성의 기원을 찾아서》. 사이언스북스.

08
AI 시대 지상파 방송의 역할

레거시 미디어는 생성형 AI가 등장하기도 전에 인터넷과 스마트폰에 의해 붕괴되었지만, 공적 마인드와 보편적 서비스라는 독보적 가치를 보유하고 있다. 객관적이고 공정한 보도라는 저널리즘의 영역을 지키며 다양한 분야와 이슈를 피하지 않고 고루 다루는 지상파방송의 가치를 살펴보기로 한다.

AI와 인재 채용?

넷플릭스는 2025년 6월 18일 프랑스 최대 민간 방송사 테에프윙(TF1) 그룹의 5개 실시간 채널을 2026년 여름부터 넷플릭스를 통해 서비스하는 계약을 맺었다. TF1 그룹의 모든 방송(광고 포함)을 실시간으로 넷플릭스에서 볼 수 있게 된 것이다. 드라마와 다시 보기까지 포함한 예능은 물론 스포츠 생중계와 뉴스 등 모든 분야를 포함하는 것으로 합의했다(동아일보, 2025). 스트리밍 방송이 지상파방송 편성을 통째로 접수한 셈이다.

미국에서는 스트리밍 방송이 마침내 전통적 TV의 시청률을 넘어섰다고 한다. 닐슨(Nielsen)에 따르면, 2025년 5월 스트리밍 서비스가 전체 TV 시청의 44.8%를 차지해 방송(20.1%)과 케이블(24.1%)의 합산 점유율인 44.2%를 추월했다는 것이다. 스트리밍 사용량은 4년 전과 비교해서 71%가 증가한 반면, 방송과 케이블은 각각 21%와 39% 감소했다.

스트리밍 방송의 증가 속에 선전하는 전통적 TV

그러나 닐슨은 "전통 TV는 예상보다 견고한 하방 저항력을 보여 주며 여전히 중요한 시청 수단으로 남아 있다"라고 분석했다. 광고 기반 플랫폼의 증가도 뚜렷했다. 광고 기반 콘텐츠 가운데 전통적 TV(방송과 케이블)는 각각 28.7%, 28.9%의 유사한 점유율을 기록하며, 전체 광고 포함 TV 시청의 약 58%를 차지했다. 이는 여전히 전통 방송이 광고 기반 플랫폼에서 스트리밍 서비스보다 중심적인 역할을 하고 있음을 보여 준다(DirectMediaLab, 2025).

미국의 사례지만, 한국에도 시사하는 바가 있다. 미국은 광고 기반 무료 스트리밍 방송(FAST)이 비약적으로 발전하고 있는 가운데 전통적인 방송이 선전하고 있다는 얘기다. 지상파방송이 지켜야 할 영역이 있다는 의미일 것이다. TF1의 선택이 지상파방송의 활로가 될 수 있을지도 모른다.

지상파방송이 버틸 수 있는 기반이 되는 정체성은 뭐니 뭐니 해도 보편적 서비스의 제공과 종합 편성에 있다. 누구에게나 치우치지 않고 차별과 소외 없이 양질의 정보와 오락을 고루 그리고 충분히 제공한다는 사실이다. 정도의 차이만 있을 뿐, 공영방송과 상업방송에 공통으로 적용되는 원칙이다. 플랫폼을 구축하는 데 투자할 필요 없이 국가와 국민이 재산인 전파를 이용하기 때문이다. 그 맥락에서 지상파방송은 공정하고 객관적인 보도와 과학적인 세계관을 반영한 정보 프로그램, 유익한 오락 프로그램의 제공이라는 의무를 수행한다. 그러자면 경험에 의지하기 전에 지상파방송의 위상에 맞는 철학적 입장을 가지고 있어야 한다.

철학자 화이트헤드(Alfred Whitehead)는 과학의 발전에 따라 그 개념들을 재구성하려고 할 때는 우선 객관주의적 입장에 설 것인지 주관주의적 입장에 설 것인지 결정해야 한다고 했다. 화이트헤드의 철학이 높은 평가를 받는 까닭은 관념적, 형이상학적 철학이 아니라 수학과 물리학의 지식을 바탕으로 하여 논리를 전개했기 때문이다. 그는 주관주의적 입장을 경계하며 이렇게 말했다.

"이 입장에서 보자면, 지각되는 것은 그 인식 작용으로부터 대체로 독립해 있는 여러 사물들의 복합체가 지닌 부분적 모습이 아니라, 그 인식 작용 자체의 하나하나 특성 표현에 불과한 것이다. 따라서 다양한 인식 작용에 공통되는 것이라고는 그것들의 지각에 결합되는 논리적 추리뿐이다. 그래서 이 경우 우리의 감각적 지각에 결합된 사유라는 공통의 세계는 있지만, 우리가 사유할 공통의 세계는 없는 것이다. 우리가 사유하는 것은, 전적으로 우리 각자의 것인 우리 자신의 개별적인 여러 경험에 차별 없이 적용되는 공통의 개념 세계다. 이와 같은 개념 세계는 궁극적으로 응용수학의 방정식에서 완벽하게 표현될 수 있을 것이다. 이런 것이 극단적인 주관주의가 취하는 입장이다."(Whitehead, 1929: 159~170)

언론(학)계에서는 주관적 경험을 객관적, 보편적 지식으로 간주하는 경향이 있다. 주관과 객관에 대한 철학적 성찰이 부재한 가운데 언론사와 기자, 언론학자 모두가 제각각이다. 주관적 경험에서 비롯된 주장은 객관성과 관련 없는 사견일 뿐이다. 주관과 객관, 사견과 지식, 감각과 이성을 구별하기 위해서는 존재론 철학을 습득할 필요가 있다. 객관적이고 공정한 방송을 위해 필수인 철학이기 때문이다. 저널리즘 교육에서 철학이 자취를 감춘 지 오래되었다. 이러한 풍토에서 지상파방송이 객관 보도의 모범이 될 수는 없을 것이다.

객관 보도에서 존재론 철학의 가치

존재론은 엘레아 출신의 그리스 철학자 파르메니데스(Parmenides, BC 510~BC 450)로부터 비롯되었다. 파르메니데스는 변하지 않고, 움직이지 않으며, 분리되지 않으며, 항구적인 1자(the One)로서의 존재(*存在*)를 주장했다. 존재하는 것(Being)은 변화하며 생성 중에 있는 것(Becoming)이 아니라 영원히 변하지 않는 것이다. 파르메니데스는 그의 생각을 기록한 〈자연에 관하여(Concerning Nature)〉라는 장편의 시에서 제1부 진리의 길(Way of Truth)과 제2부 사견의 길(Way of Opinion)로 구분하여 설명했다. 진리와 사견(私見), 지식과 오류, 실재(實在)와 가상(假象), 지성과 감각을 대조하여 존재에 대한 견해를 피력한 것이다(Lamprecht, 1955: 32~34).

파르메니데스의 철학은 소크라테스를 거쳐 플라톤에게 깊은 영향을 주었다(소크라테스가 청년이었을 때 아테네를 방문한 노년의 파르메니데스를 만나 많은 것을 배웠다고 한다). 사유와 존재가 동일하다고 했던 점에서 파르메니데스를 이성주의의 조상이라고 하기도 한다. 이성의 사유는 존재하는 것에 대해서만 가능하다고 했던 점에서 감성을 배제하고 이성의 사유를 통해 진리를 깨우쳐야 한다고 했던 소크라테스의 철학과 통하는 것이다. 플라톤의 이데아론이 바로 파르메니데스의 존재론을 발전시킨 것이다.

파르메니데스의 설명이다. "그대는 존재하지 않는 것을 알 수 없으며(그것은 행할 수 없는 것이기 때문에), 또한 말로 표현하는 것도 가능하지 않다"라고 했다. 이성의 사유로써 알 수도 없고 말로도 표현할 수 없는 것은 존재하지 않는 것이다. 그리고 "'진리'는 '있는 것'을 우리에게 인지하게 하는 이성에게만 주어지기 때문에, '통찰력이 없는 눈과 속이 빈 대공과 같은 키'로 이루어진 감각에는 억견(臆見, doxa)만이 있을 뿐이다"(玉井 茂, 1986: 51). 감각에 의해 지각된 억견과 같은 현상의 사실은 존재하지 않는 것이요, 존재로서의 진리는 이성의 사유에 의해 확인할 수 있다는 것이다. 존재하지 않는 것을 보도하는 저널리즘이 얼마나 많은가!

파르메니데스는 그의 제자 제논과 더불어 엘레아 학파를 형성하는데, 엘레아 학파의 의의는 감각적 사실과 이성적 합리가 모순된다는 것, 사실에는 비합리성이 내포되어 있다는 것을 밝히고, 여러 가지 속성과 우연성을 초월한 실체(substance)의 탐구를 자극했다는 데 있다(玉井 茂, 1986:54~55). 감각적으로 지각한 사실은 이성적 사유의 결과와 모순되며, 개인의 의견은 주관적 견해로서 억견에 불과하다는 것이다. 그래서 시공을 초월하여 변하지 않는 항구적인 1자로서의 진리, 즉 실재의 본질을 찾아야 한다. 이것이 존재론 철학이다. 진실과 사실을 구분하지 못하면서 팩트를 신봉하는 언론계 풍토에서 진지한 사유의 대상이 되어야 하는 철학이다.

러셀(Bertrand Russell)은 존재론의 허점을 지적하면서도 "파르메니데스 이후로 오늘에 이르기까지 철학이 그에게서 배운 것은 너무나 지나친 역설인 변화의 불가능성이 아니라, 실체(實體, substance)의 불멸성이었다"라고 인정했다(Russell, 1961: 102). 실체는 2천 년 이상 철학과 심리학, 물리학의 기본적인 개념의 하나로 존속되어 왔다는 것이다. 실체는 변하지 않는 존재요, 본질이요, 진실이다. 변화를 강조한 헤라클레이토스에 대립되는 입장으로 제기한 변화의 불가능성은 사실 성립하지 않는다. 변화하는 것[易]이 자연의 본성이고, 그 안에 진리가 있는 법이다. 변증법의 원리이기도 하다. 진리는 하나지만 새로운 발견에 의해 바뀔 수 있다. 그러나 파르메니데스의 의의는 그런 가운데서 변하지 않는 본질을 추구하게 만들었다는 데 있다. 이 관념이 근대 이후 물리학을 비롯한 자연과학의 발달을 가져온 것이다. 포스트모더니즘은 이 철학을 부정하는 가운데 비판과 해체를 선동하지만, 대안 없는 비판으로는 새로운 진리를 세울 수 없다. 들뢰즈의 리좀이라는 것은 바로 실체와 본질을 부정하면서 존재하지 않은 것을 추종하게 만드는 모순을 강조하는 개념이다.

저널리즘을 비롯한 사회과학도 이 관념에 따라 조변석개하는 사견이 아니라 변하지 않는 진실을 추구해야 한다. 보편적 서비스와 공공성을 생명으로 하는 지상파 방송은 변하지 않는 객관적 진실을 드러내는 전통적 임무에 매진하는 모범적 자세를 보여 주어야 한다. 그게 지상파방송이 사는 길이고, 존재의 이유가 될 것이다.

지적 충만을 제공하는 재미있고 유익한 프로그램의 개발

지상파 공영방송이 공을 들여야 할 분야 중 하나는 21세기 지식의 융합 시대에 부합하는 품위 있는 프로그램의 개발이다. 코미디언과 개그맨의 말장난과 연예인의 놀이터를 제공하는 소모적 프로그램은 최소화하는 대신에 자연의 지식을 재미있게 소개함으로써 지적 만족을 주는 프로그램을 개발해야 한다. AI 시대가 요구하는 과학 지식의 보급에 정성을 쏟아야 한다는 말이다. 차고 넘치는 오락 채널들과는 달라야 한다. 이를테면 재미있고 유익한 지식 프로그램의 효시라고 할 만한 tvN의 〈알쓸신잡〉과 같은 프로그램을 들 수 있겠다. 〈알쓸신잡〉은 〈알쓸인잡〉과 〈알쓸별잡〉으로 이어지며 과학 지식, 세계 지리 정보 등 학교에서 딱딱하게 전수될 만한 내용을 흥미

위주로 만들어 재미있고 유익한 오락 프로그램의 대명사가 되었다. tvN의 〈벌거벗은 세계사〉와 〈벌거벗은 한국사〉는 장수 프로그램 반열에 들어섰다.

"과학은 취미가 될 수 없는가?"라는 기조로 양자역학, 프랙털, 엔트로피, 상대성이론, 블랙홀, 유전자 가위, AI 등 문과생은 넘볼 수 없을 것 같은 주제를 쉽게 설명함으로써 과학이 취미가 되게 만든 EBS1의 〈취미는 과학〉, 문과와 이과를 넘나들며 과학 지식으로 도파민 샤워를 제공한다는 tvN의 〈문과 vs 이과, 놀라운 증명〉 등이 주목을 받았거나 진행 중이다. tvN은 2025년 5월 7일부터 "차별화된 알고리즘 데이터로 사용자 맞춤형 건강 콘텐츠를 분석 및 추천하고 사용자에게 꼭 필요한 정보를 제공한다"는 의도로 〈지식 알고리즘 써치〉를 편성하기도 했다. EBS는 원래 과학 프로그램 편성을 많이 한다. EBS는 당연히 편성해야 하는 프로그램이라는 점에서 MBC와 KBS, 그리고 SBS의 분발이 필요하겠다. 이렇게 지상파방송은 지식의 융합 시대를 반영해 과학과 철학, 역사 등을 재미있게 오락을 가미해 편성하는 노력을 기울여야 한다. 음식도 개그맨들이 게걸스럽게 먹는 장면만 보여 주는 대신에 영양가를 분석한다든지 체질에 따라 건강에 좋은 음식을 추천하는 내용으로 바꾸는 것도 고려할 만하다. 유튜브에서 상업적으로 음식점을 추천하는 관행을 타파하는 프로그램도 권장할 만하다.

무엇보다도 유아 시절부터 휴대폰을 가지고 노는 시대적 변화를 감안한 교육 프로그램의 개발이 절실하다. 인간의 본성을 고려할 때, 2030 세대의 세계관을 개조하는 것은 쉽지 않다. 그것도 포기하면 안 되지만, 더욱 중요한 것은 유아들에서부터 청소년 시절까지 연령별 맞춤형 교육 · 교양 프로그램을 반드시 편성해야 한다. 리박스쿨의 청소년 대상 왜곡된 교육이 청소년의 인성을 오염시키고 민주주의를 위협하는 사실이 드러났다(한겨레신문, 2025). 시민사회 진영에서는 그 집요함을 따라갈 엄두를 내지 못한다. 오랜 관성에 밀려 새 시대에 맞는 창의적이고 진취적인 프로그램의 개발에 이르지 못하는 것이다. 앞서 지적했듯이 2030 세대의 일탈은 유아기에서부터 영향을 미친 인터넷과 스마트폰의 역할이 컸다. 정부의 치밀한 미디어 정책 수립과 지상파방송의 노력이 절실하게 요구되는 시점이다.

참고문헌

동아일보(2025.6.21). "넷플릭스는 왜 점점 TV가 되어갈까".
한겨레신문(2025.6.19). "리박스쿨은 빙산의 일각이다".

玉井 茂(1986). 《서양철학사》. 김승균 · 김승국 옮김. 일월서각.
DirectMediaLab(2025.6.18). "전통 TV를 넘은 스트리밍, 광고 기반 생태계로의 전환".
Lamprecht, S. P.(1955). *Our philosophical traditions.* 김태길 외 옮김(1963). 《西洋哲學史》. 을유문화사.
Russell, B.(1961). *History of western philosophy and its connection with political and social circumstances from the earliest times to the present day.* 최민홍 옮김(1991). 《서양철학사》 上. 집문당.
Whitehead, A. N.(1929). *The function of reason.* 김용옥 옮김(2000). 《이성의 기능》. 통나무.

09
메타버스, 10차원의 시공간?

AI는 메타버스 환경 내에서 실감 나는 가상현실을 구축하고 몰입형 경험을 제공하는 데 핵심적인 역할을 수행한다. 가상현실은 존재하지 않는 가짜가 아니라 실존하는 디지털 공간이다. 우리가 의식하는 세계는 3차원이지만, 실은 4차원의 시공간이다. 그뿐만 아니라 우주는 더 많은 차원이 존재한다고도 한다. 가상현실이라고 하는 디지털 공간은 우리가 의식하지 못하고 있는 차원의 조각일지도 모른다.

AI와 기자?

코로나 팬데믹으로 인해 기술적으로 준비가 덜 된 상태에서 출발한 메타버스는 생성형 AI를 만나 다시 활기를 되찾고 있다. 생성형 AI 서비스는 단순한 입력을 복잡한 게임 자산으로 변환하여 실시간 3D 애플리케이션 제작을 가속화한다. 네이버의 제페토는 생성형 AI를 활용한 아이템 생성 '창작 툴'을 도입했으며, 오픈AI는 메타버스 타깃 생성형 AI 모델인 3D 생성기 '포인트-이(Point-E)'를 공개했다. 이러한 발전은 가상 인간 생성, 챗GPT와 연동된 아바타, 로봇 통합을 통한 현실과 가상 연결 등 상호작용의 진화를 이끌고 있다. 페이스북은 회사명을 메타로 변경할 정도로 AI에 전력투구하고 있다. 국내에서는 교육, 행정, 의료, 패션 등 여러 분야에서 메타버스를 운영하면서 그 공간에서 시민들을 만나고 있다.

인터넷이 보급된 후 20세기에서 21세기로 넘어가는 시기에 사이버스페이스라는 용어가 유행했던 적이 있다. 인터넷 기반의 디지털 공간을 지칭하는 말이었다. 사이버스페이스는 흔히 가상공간으로 번역되었다. 인터넷의 디지털 공간은 현실이 아닌 허상이나 거짓 형상의 공간일까? 2020년의 코로나 팬데믹이 강제함으로써 추진된 메타버스는 현실을 포함해서 다수의 우주(univers) 공간을 포괄한다.

가상현실은 존재하지 않는 거짓 형상인가?

메타버스는 영화 〈매트릭스〉처럼 가상의 세계를 실제처럼 느끼게 해 주는 기술로서 현실과 복수의 가상현실들을 포괄하는 초월적 개념으로서 사회적 · 문화적 · 경제적 활동이 일어나는 초월적 공간으로 정의된다(이시한, 2021: 27). 페이스북이 여러 SNS 중 하나지만 SNS라고 하듯이, 메타버스도 여러 공간 중 하나로서 메타버스라 한다는 것이다. 보편적으로 사용하는 시류에 따라 가상현실이니 가상공간이니 하지만 현실의 공간임을 부정할 수는 없다. 가상 광고가 실재하는 광고인 것과 같은 맥락이다.

확장현실은 증강현실(AR, Augmented Reality), 가상현실(VR, Virtual Reality), 혼합현실(MR, Mixed Reality)을 모두 지원할 수 있는 새로운 형태의 착용 가능한(웨어러블) 기기가 등장하면서 나온 용어다. 증강현실, 가상현실, 혼합현실 기술을 활용하여 사용자에게 경험과 몰입감을 제공하고 확장된 현실을 창조하는 초실감형 기술인 것이다. 퀄컴(Qualcomm)이 2018년에 XR 플랫폼(스냅드래곤 XR1)을 출시하면서 이 용어를 사용하기 시작했다.

메타버스는 화성과 같은 행성을 지구와 비슷한 환경

으로 개조하는 테라포밍(terraforming)처럼, 인간의 손이 닿지 않았던 디지털 공간에 인간이 살 수 있도록 만들고 있는 환경이며(김상균, 2020: 27), '지금 여기'라는 현실과 다른 환경 조건, 현실 못지않은 의미가 있는 멀티유니버스에서 생을 누릴 수 있게 해 주는 공간이다(이시한, 2021: 28~29). 무엇보다도 메타버스가 SNS와 가장 크게 구분되는 지점은 통제를 받지 않는 개인들 사이의 자유로운 경제활동이 이루어지는 장소라는 사실이다. 메타버스의 핵심이 경제활동이라는 것이다(이시한, 2021: 43). 스마트폰, 컴퓨터, 인터넷 등 디지털 미디어에 담긴 새로운 세상, 디지털화된 지구를 메타버스라고 지칭하기도 한다(김상균, 2020: 23).

위키백과사전에는 사이버스페이스에 대해 "인공두뇌학(cybernetics)을 뜻하는 사이버(Cyber)와 공간을 뜻하는 스페이스(Space)의 합성어로서 현실이 아니라 두뇌 속에서 펼쳐지는 또 다른 우주를 뜻한다"라고 정의한다. 그리고 사이버스페이스에서는 국경과 이념의 한계가 없으며, 지리적 위치, 시간, 신분상의 제한을 받지 않고 누구에게나 실시간 또는 비실시간으로 정보의 선택 및 송수신이 가능하고, 사이버 교육처럼 다양한 활동이 이루어질 수 있으며, 컴퓨터나 인터넷상의 데이터 영역에서 다수의 이용자가 자유롭게 정보를 주고받는 곳이라고 했다. 컴퓨터 네트워크상에서 행해지는 범죄를 사이버 범죄라고 한다. 사이버스페이스가 곧 메타버스다. 증강현실과 가상현실, 혼합현실을 통칭해 확장현실이라고 하는 것도 인간이 활동하는 공간이 확장된 현실이라는 사실을 말해 주는 것이다. 메타버스가 곧 확장된 현실인 것이다.

존재론 철학에서 변화무쌍한 현실(Becoming)은 변하지 않는 실체로서의 존재(Being)에 대비되는 용어였다. 우리가 보통 경험하는 현실은 존재의 모사로서 가상현실이었다. 그에 비해 존재는 감각기관에 의해 포착되는 경험의 세계를 초월해 이성적으로 지각되는 세계였다. 비존재로서의 현실은 존재의 모사였다. 이 존재론에 따르면, 초월적 세계로서의 메타버스가 실재 세계로서 존재가 된다고 해석할 수도 있다. 여러 논자의 관점과 존재론 철학을 종합하자면, 인류와 뭍 생물 및 무생물이 지구 공간에서 살아가는 현실과 좁은 의미의 유니버스들을 통틀어 메타버스라 하는 것이다. 여기서 복수의 유니버스와 현실이 존재자가 되고, 존재자의 보편적 실체로서의 존재가 가상현실이 된다. 비교하자면 김 아무개, 박 아무개 등 현실의 한 사람 한 사람이 존재자가 되고, 호모 사피엔스의 보편적 성질이 존재가 되는 식이다. 결국 현실을 포함한 여러 유니버스를 포괄하는 초월적인 개념이 메타버스다(이시한, 2021: 25).

도식화하면 이렇게 되겠다.

메타버스 = 현실 + 유니버스 1 + 유니버스 2 + 유니버스 3 + ...

존재론 철학으로 보면, 현실이 비존재, 가상현실이 존재가 되는 것이다. 우리가 경험하는 현실은 뇌가 만들어 낸 착시 현상이라고 한다는 사실도 참고할 필요가 있겠다(김대식, 2022: 27). 유년기의 교육을 마친 성인들은 자기만의 관점과 세계관에 의해 그리는 세계가 있다. 사람마다 제각기 지니고 있는 현실은 그런 성인들의 뇌가 만들어 낸 착시라는 얘기다. 비존재의 현실이다.

19세기 독일의 물리학자 헬름홀츠(Hermann von Helmholtz)는 사람이 경험한 것을 지각하는 것이 아니라 뇌가 존재한다고 생각하는 것을 지각한다는 새로운 이론을 제기했다. 실제로 보이는 것을 지각하는 것이 아니라 보이는 것을 바탕으로 시뮬레이션한 현실을 지각한다는 것이다(Bennett, 2023: 242). 이른바 생성(generative)

모델로서 오늘날 생성형 AI에 적용된 모델이다.

물리학의 시공간, 10차원의 우주

물리학에서는 일반상대성이론과 양자역학을 통합한 하나의 이론으로 모든 자연 현상을 설명할 수 있는 '통일장 이론'을 추구하게 되었고, 그 유력한 대안으로 초끈 이론(superstring theory)이 있다. 모든 입자들은 점이 아니라 핵자보다 100×10억×10억 배나 작고 가느다란 끈의 형태로 이루어져 있으며, 끈들이 진동하는 형태에 따라 다양한 입자의 모습으로 나타난다는 것이다(Greene, 2004: 47).

초끈 이론은 무려 10차원의 시공간을 가정한다. 나아가 초끈 이론을 발전한 M 이론은 11차원을 가정한다. 3차원의 공간에 익숙한 우리는 4차원의 시공간 현실을 인식하는 데도 버거운데 10차원이나 11차원은 상상을 초월한다. 그린은 이 이론에 입각하여 우리가 인식하지 못하는 여분의 6차원 혹은 7차원의 시공간이 어딘가에 숨어 있으며, 따라서 "우리의 눈에 보이는 세계는 진정한 실체가 아니라 실체의 일부분에 지나지 않다"는 점을 강조한다. 초끈 이론은 "여분의 차원이 아주 작은 영역 속에 구겨져 있어서 현재의 관측기구로는 측정할 수 없거나 아니면 우리가 인식하지 못할 정도로 아주 방대한 영역에 퍼져 있을 수도 있다"라고 주장한다. 만일 그렇다면 우주에 별과 행성이 존재하는 이유 등 근본적인 질문에 답을 할 수 있게 되며, 여분의 차원으로 이루어진 공간 근처에 우리가 모르는 다른 세계가 존재할 수도 있다고 가정할 수 있다(Greene, 2004/2005: 48~49). 메타버스는 '어딘가에 숨어 있던' 혹은 '아주 작은 영역 속에 구겨져 있던' 시공간을 구현한 것은 아닐까?

나룰라(Herman Narula)는 고대부터 지금까지 가상 세계는 가장 인간적인 성과물이자 사회에 상당한 내적, 외적 가치를 생성하는 문화 기술 단위로서, 이를 새롭게 디지털로 구현한 모습은 고대부터 현대까지 이어져 오는 수많은 메타버스 중 가장 최신판일 뿐이라고 했다(Narula, 2022: 38). 그리고 메타버스는 '기초'를 이루는 현실 세계와 사회가 의미를 부여하는 가상 세계들을 모두 포함한 여러 현실의 모음이라고 했다(Narula, 2022: 172). 나룰라의 메타버스에 대한 평가는 매우 긍정적이다. 음침한 소설 속 가상 세계와는 달리 현실 세계에 도움이 되는 가치를 창출하고, 메타버스는 이 가치를 전달하는 배관이라는 것이다(Narula, 2022: 124).

가상현실은 사전적으로 "어떤 특정한 환경이나 상황

을 컴퓨터 시스템을 이용해 실재와 똑같이 느낄 수 있도록 만든 것"으로 정의된다. 디지털 공간을 의미한다. 우리가 메타버스가 나오기 전부터 흔히 사용해 오던 사이버스페이스나 디지털 공간을 허구라고 할 수 있는가? 사이버스페이스는 상상의 공간으로서 존재의 세계일 수 있으며, 지금까지 디지털 공간은 허구라고 간주하지 않았다.

메타버스는 가상현실이 아니라 또 하나의 현실이다

메타버스는 2020년 코로나 팬데믹으로 인해 갑자기 시작되었다. 대학이 준비 안 된 채로 급작스럽게 비대면 수업을 하며 정착된 것과 비슷하다. 메타버스도 개문발차를 하면서 관련 기술이 뒷받침되었다. 그리고 1년이 지나면서 사람들이 메타버스에서 물건을 거래했고, 유명 가수의 공연이 열리기도 했다. 당시의 상황에 대해 뇌 과학자 김대식 교수가 진단한 내용이다.

> "지난 30여 년 동안 디지털 현실에서 발생한 거의 모든 가치는 아날로그 현실에서만 통용되었다. 그런데 Z 세대가 주요한 소비자로 떠오르면서 양상이 달라지고 있다. '제페토' 안

에서 명품 가방과 재킷을 구매하는 Z 세대의 행태를 X 세대는 이해하기 어려울 것이다. Z 세대가 현실에서 들고 다닐 수도 없는 비싼 가방을 사는 이유는, 디지털 현실에서 들고 다니는 것만으로도 충분하다고 말한다. 그들에게는 이미 디지털 현실이 '가상'이 아니라 '또 하나의 현실'인 것이다."(김대식, 2022: 146~147)

그렇다. 메타버스는 가상 세계가 아니라 현실의 일부다. 가상이란 말이 의미하는 게 존재하지 않는 것을 꾸며내는 허상이 아니라 디지털 기술로 구현해 낸 새로운 공간으로서의 현실인 것이다. 인간의 뇌는 생후 10~12년 사이에 '결정적 시기(critical period)'라는 매우 특별한 발달 기간을 갖는다. 이 시기에 뇌가 경험한 것에 따라 뇌의 하드웨어 대부분이 완성된다(김대식, 2022: 138). 1995년에서 2005년 사이에 태어난 세대를 Z 세대라고 한다. 지금의 20대에 해당한다. 스마트폰이 보급되기 시작한 게 2009년이니 이 세대는 이미 널리 보급된 인터넷에 익숙해질 무렵 결정적 시기에 해당하는 10세에서 12세에 이미 스마트폰과도 친숙하게 되었을 것이다. 그래서 디지털 원주민이라고 하는 것이다. 뇌의 하드웨어가 형성되는 환경은 고향과 같은 편안한 느낌을 준다고 한다. Z 세대의 고향은 인터넷과 스마트폰이다. Z 세대는 흔히 1980~1994년 사이에 태어난 밀레니얼 세대와 묶어 MZ 세대로 지칭하지만, 요즈음은 그 아래 연령인 알파 세대와 더불어 잘파 세대라고 부른다. 이들이 앞으로 메타버스 산업의 성패를 좌우하게 될 것이다.

참고문헌

강상현(2000). "대안매체로서 사이버공간의 가능성과 한계". 《방송학보》, 14(1), 7~40쪽.

김대식(2022). 《메타버스 사피언스: 또 하나의 현실, 두 개의 삶, 디지털 대항해시대의 인류》. 동아시아.

김상균(2020). 《메타버스: 디지털 지구, 뜨는 것들의 세상》. 플랜비디자인.

이시한(2021). 《메타버스의 시대》. 다산북스.

Bennett, M.(2023). *A brief history of intelligence.* 김성훈 옮김(2025). 《지능의 기원》. 더퀘스트.

Greene, B.(2004). *The fabric of the Cosmos.* 박병철 옮김(2005). 《우주의 구조》. 승산.

Narula, H.(2022). *Virtual society.* 정수영 옮김(2023). 《우리는 가상 세계로 간다》. 흐름출판.

10

AGI와 특이점은 어떻게 오는가

커즈와일은 AI가 인간의 지능과 동등한 수준에 도달하는 시점, 오늘날의 용어로 범용인공지능(AGI)의 출현 시점을 2029년으로, 예측 불가능성과 가역 불가능성을 특징으로 하는 완전히 다른 세상으로의 대전환을 의미하는 특이점이 2045년에 올 것으로 예측했다. 정보 테크놀로지에 해당하는 미디어의 발전은 현대에 가까워질수록 가속적으로 이루어진다는 수확 가속의 법칙에 따른 것이다.

AI와 미래 의사?

> "1990년대에 나는 모든 정보 관련 기술의 뚜렷한 가속에 관한 경험적 데이터를 수집하고, 이러한 관찰에 기초해서 수학적 모델을 다듬었다. 나는 '수확 가속의 법칙(Law of Accelerating Returns)'이라고 칭한 이론을 정립했다. 기술과 진화 과정이 기하급수적으로 발전하는 이유를 설명한 이론이다."(Kurzweil, 2005: 19)

발명가, 컴퓨터 과학자, 미래학자로 불리는 커즈와일(Ray Kurzweil)의 주장이다. 수확 가속의 법칙은 경제학의 수확체감의 법칙에 빗대어 저자가 만든 용어로, 정보 기술의 수확은 가속으로 성장한다는 법칙이라고 한다. 정보 기술(technology)은 미디어의 다른 이름이므로, 미디어의 발전이 가속의 법칙을 따른다고 볼 수 있겠다. 실제로 현생 인류 20만 년의 오랜 역사에서 볼 때, 초기의 비언어적(nonverbal) 커뮤니케이션에서부터 언어, 회화, 산수, 문자, 인쇄술, 방송, 인터넷, 그리고 인터넷 기반의 스마트폰과 SNS, 스트리밍 방송의 발전이 현재와 가까워질수록 가속의 법칙을 따랐다고 볼 수 있다. AI의 급가속 초고속 발전은 말할 것도 없다.

미디어 테크놀로지 발전 가속의 법칙

구텐베르크 인쇄술이 600년 전의 일로서 20만 년 역사로 볼 때 그 속도가 매우 빨라진 것을 확인할 수 있다. 1950년대 처음 선을 보인 컴퓨터와 인터넷의 사용이 걸음마를 뗀 후로 1980년경 이후 엄청나게 빠른 속도로 가속 발전해 왔다는 사실을 우리는 목도한다. AI만 하더라도 1950년대에 처음 거론된 이래 2022년 11월 30일 처음으로 생성형 AI인 챗GPT-3.5가 발표되었고 2023년 3월 14일 GPT-4, 2024년 5월 13일 GPT-4o, 2025년 2월 17일 GPT-4.5, 2025년 4월 17일 GPT-o4-mini 등으로 불과 2년 사이에 숨 가쁘게 빠른 속도로 진화했다. 오픈AI의 최고경영자(CEO) 샘 올트먼은 최근 AGI(Artificial General Intelligence, 범용인공지능)에 해당한다고 주장하는 GPT-5의 출시를 발표하기에 이르렀다.

커즈와일은 기술 발달에 따른 미래의 변화를 예측한 것으로 명성을 얻었다. 반박도 많이 받았지만, 그의 예측이 현실이 되는 경우를 적지 않게 보게 된다. 그 예측이 다른 미래학자들과 다르게 과학적 이론으로 뒷받침되기 때문에 꼼꼼하게 살펴볼 필요가 있다. 이 수확 가속의 법칙이 그렇다. 최근 전자 정보 테크놀로지의 급속한 발전을 보면 수확 가속의 법칙을 생각하지 않을 수 없게 만든다. 복잡계 경제학에서는 수확 체증의 법칙을 제기한다. 경제학의 수확체감의 법칙과 체증의 법칙 가운데 어느 것이 옳을까?

기존 경제학의 수확체감의 법칙이란 다른 생산요소들을 고정하고 가변요소를 증가시킬 때 어떤 단계를 지나고 나면 그 가변요소의 한계생산물이 지속적으로 감소하는 현상을 말한다. 예를 들어 1정보(3000평)의 농지를 노동자 한 명이 1년 동안 경작하는 것보다 둘이 하면 더 많은 농작물을 얻을 수 있을 것이다. 그러나 한정된 농지에 노동자를 계속 투입하면 어느 단계에서는 한계생산물이 바로 전 단계보다 적게 될 것이다. 이 법칙에 따라 기업은 노동의 한계생산물이 0이 되면 더 이상 노동자를 고용하지 않는다(김대식 외, 2003: 235).

장기 생산 함수는 모든 생산요소가 변할 수 있는 기간을 분석 대상으로 삼지만 역시 노동과 자본의 관계로 설정함으로써 결국 수확체감의 법칙으로 귀결된다. 자본을 고정한 채 노동을 더 많이(적게) 투입하면 노동의 한계생산물이 감소(증가)하고, 노동을 고정한 채 자본을 더 많이(적게) 투입하면 자본의 한계생산물이 감소(증가)한다는 것이다(김대식 외, 2003: 245).

복잡계 경제학은 이 수확 체감의 법칙을 부정한다. 수

확 법칙이란 생산량을 늘려 나갈 때 재화와 노동의 투입량이 생산량과 어떤 양적 관계에 있는지를 나타내는 것이다. 그런데 이 법칙은 분석을 단순화한다면서 노동과 자본의 두 가지 생산요소만을 다루면서 자본의 투입량을 고정한다는 점이다. 그러나 투입 요소가 복수가 되면 이야기는 복잡해진다. 기계를 사용하는 생산에서 생산량이 늘어나는 경우 기계의 투입량은 변화가 없을 수 있지만 원재료에서는 생산량에 비례하여 투입량이 늘어난다. 단기는 간단하지만 장기인 경우에는 예정된 생산 용량에 맞춰 자본 설비의 용량을 조절하게 되는데 일반적으로 설비의 용량과 그에 필요한 자재 사이에는 불비례적인 관계가 성립하지만, 그 불비례성 관계가 나타나는 방법 자체에 차이가 있으며 투입 자재 상호 간에는 비례성이 없다는 것이다(塩澤由展, 1997: 324).

수확 체증의 법칙과 AI의 투자 규모는 AGI와 특이점의 엔진

실제로 현실은 수확 체증의 사례가 많다. 수확체감의 법칙으로 시장을 예측해 낭패를 보는 사례가 많다는 것이다. 지금까지의 경제학은 가격과 수요의 관계에 치중해 그 밖의 관계에는 눈을 감아 왔다. 텔레비전, 냉장고, 에

어컨, 승용차, 비디오 등 가정용 내구소비재의 변화율에는 현저한 특징이 있다고 한다. 내구소비재의 구입은 단지 가격이나 수입에만 의존해서 결정되는 게 아니라 이웃의 소비에 영향을 받는다. 생물종의 개체 수 증가 등에 적용하는 미분방정식을 적용해 보면 내구소비재의 구입은 이웃 사람이 보유하는 비율에 정비례하는 효과가 작용하고 있다는 것을 보여 준다고 한다. 그 이유로 전시·광고효과, 과시효과, 동류의식 등을 들 수 있다(塩澤由展, 1997: 356).

이 수확 체증의 법칙이 전자 테크놀로지의 발전에 적용된다는 얘기다. 실제로 인터넷과 스마트 미디어가 등장한 이후 테크놀로지 개발에 투여되는 자본의 규모가 엄청나다. 천문학적 규모의 자본 투여는 경제법칙의 구속을 받지 않음으로써 새로운 테크놀로지의 등장에 가속도를 붙게 만든다. 현재 오픈AI와 구글, 메타 등의 투자 규모는 수십조, 수백조 원에 달한다. 메타는 AI 데이터 센터 구축을 위해 총 290억 달러(약 39조 5천억 원)의 조달을 추진하고 있다고 한다. 그런 투자에 힘입어 AGI를 경유해 특이점을 향해 전진하고 있다는 얘기다.

특이점의 도래를 처음 얘기한 것은 폰 노이만이었다. 맨해튼 프로젝트에 함께 참여했던 동료인 폴란드계 미국인 수학자이자 핵물리학자인 스타니슬라프 울람(Stanislaw Ulam)이 폰 노이만과 나눈 대화에서 노이만이 기술 발전의 가속화에 대해 언급한 내용을 1958년의 회고담에서 이렇게 말했다. "기술의 가속화는 진보와 인간 삶의 방식의 변화에 초점이 맞춰져 있었는데, 이는 인류 역사상 어떤 본질적인 특이점에 접근하고 있는 것처럼 보인다. 이 지점을 넘어서면 우리가 아는 인간의 삶은 더 이상 지속될 수 없을 것이다."

특이점이라는 것은 블랙홀의 입구에 펼쳐진 사건의 지평선에 진입했을 경우처럼 비가역성과 예측 불가능성이라는 돌이킬 수 없는 변화를 의미한다. 트랜지스터의 집적 용량이 2년마다 2배로 증가한다는 '무어의 법칙'이 정보 기술의 기하급수적 성장에도 적용된다는 것이다. 커즈와일은 《특이점이 온다》를 내놓기 전인 1980년대 중후반에 출판한 《지적 기계의 시대》에서 21세기 전반에 인간의 지능과 구별되지 않는 수준의 기계 지능이 등장할 것이라고 전망했다"(Kurzweil, 2005: 18). 그의 예측대로 인간의 지능과 구별되지 않는 AGI의 출현이 임박한 듯하고, ASI로의 도약도 머지않은 듯하다.

커즈와일에게 특이점은, 우주 공간의 블랙홀이 사건의 지평선 쪽으로 물질과 에너지를 끌어당기며 그 패턴을 극적으로 변화하는 것처럼, 다가올 미래에 기술 변화의 속도가 매우 빨라지고 그 영향이 매우 깊어서 인간의 생활이 되돌릴 수 없을 만큼 변화되는 시기를 의미한다(Kurzweil, 2005: 23). 그리고 호킹 복사를 통해 블랙홀의 속성에 관해 추측할 수 있듯이, 특이점이 인간의 역사에 갖는 의미에 대해서도 숙고할 수 있다는 것이다(Kurzweil, 2005: 677~678). 그리고 이렇게 예측했다.

> "특이점은 생물학적 사고 및 존재와 기술이 융합해 이룬 절정으로서, 여전히 인간적이지만 생물학적 근원을 훌쩍 뛰어넘은 세계를 탄생시킬 것이다. 특이점 이후에는 인간과 기계 사이에, 또는 물리적 현상과 가상현실 사이에 구분이 사라질 것이다. 그때에도 변하지 않고 존재하는 인간성이 있을까? 물론이다. 늘 현재의 한계를 넘어 물질적, 정신적 영역을 확장하고자 하는 인간 고유의 속성은 여전할 것이다."(Kurzweil, 2005: 27)

AI는 우리 자신의 확장된 일부가 될 것

책의 부제에서 보듯이, 커즈와일에게 특이점이란 기술이 인간을 초월한 순간을 의미한다. 그것은 "기술이 가장 인간다운 특성이라고 여겨지는 정교함과 유연함에서 인간에 맞먹게 되고 나아가 뛰어넘을 것"이라는 얘기다 (Kurzweil, 2005: 27). 거듭 강조하건대, 인간의 확장을 도모하는 도구나 테크놀로지가 인간의 한계를 초월한다는 것은 기본이다. 인간의 한계를 초월하지 않는 도구나 테크놀로지는 쓸모가 없어 폐기된다. 커즈와일은 "우리가 도구를 만들면 다음엔 도구가 우리를 만든다"는 캐나다의 미디어 이론가 매클루언의 말을 인용하기도 했다. 우리를 만들지 못하는 도구는 폐기된다.

커즈와일의 상상은 과학적 지식을 근거로 한 추측이기 때문에 무시하고 넘어가기는 어렵다. 특히 기술의 가속화 법칙은 충분히 증명이 되는 사실이다. 수십 년 내지는 수백 년 동안 지지부진하던 커뮤니케이션이 언어를 사용하고부터 산수, 회화, 문자로 발전한 이래 구텐베르크 인쇄술을 거쳐 방송이 등장하고, 특히 인터넷이 등장한 이후 전자 정보 테크놀로지의 가속적인 발전은 우리가 익히 경험한 바다. 돌이켜 보면, 언어의 사용도 인류 역사의 특이점이었을 것이다.

어느 한순간에 지금과 같은 언어가 완성된 형태로 사용하게 된 것은 아니었고, 겨우 불완전한 어휘 몇 개 발음하던 시기부터 시작해 점점 가속이 붙어 종국에는 완성된 문장을 구사하게 되었을 것이다. 물론 이때의 속도는 가속과는 거리가 먼 매우 느린 속도였다. 그러나 언어와 문자를 사용하게 되면, 의사소통이 원활해지면서 지지부진하던 모든 일의 속도가 빨라진다. 문자의 사용이나 인쇄술의 사용, 그리고 방송의 등장 이후도 마찬가지로 비가역성과 예측 불가능성을 특징으로 하는, 돌이킬 수 없는 특이점의 속성이 나타났을 것이다. 각개 국면마다 미디어 기술의 가속화 법칙이 나타났을 것이다. 정보를 빛의 속도로 전달하는 전자 미디어의 시대가 되면서 가속도를 감지하고 있을 정도로 그 진화가 훨씬 빠르게 진행되어 왔음은 물론이다.

커즈와일은 《특이점이 온다》를 내놓은 지 20년 만에 《마침내 특이점이 시작된다》를 출판했다. 부제도 '기술이 인간을 초월하는 순간'에서 '인류가 AI와 결합하는 순간'으로 발전했다. 생성형 AI의 충격을 반영한 것이다. 커즈와일은 《특이점이 온다》에서 의식의 기반이 정보라는 점에서 우주의 탄생, 생명의 시대, 스스로 정보를 저장하는 뇌의 형성, 정보의 저장과 조작 기술 구사로 뇌의 능력 증강, 우리 뇌를 컴퓨터로 증강함으로써 신피질에 수많은 층 추가, 우리의 지능이 우주 전체로 확산 등 여섯 단계를 제기했다. 지금은 그 가운데 네 번째 단계에 해당한다고 한다.

"지금 인류는, 일부 과제에서 첨단 기술이 우리가 이해 가능한 수준을 넘어서는 결과를 이미 내놓고 있는 네 번째 시대에 살고 있다. AI가 아직 완전히 통달하지 못한 튜링 테스트의 여러 측면에서도 갈수록 가속화되는 진전이 빠르게 일어나고 있다. 내가 2029년으로 예상한, 튜링 테스트 통과가 일어나는 바로 그 순간에 우리는 다섯 번째 시대에 진입할 것이다. 2030년대에 완성될 한 가지 핵심 능력은 우리 신피질의 위쪽 영역을 클라우드에 연결하는 것으로, 그렇게 되면 우리의 사고가 직접적으로 크게 확장될 것이다. 이제 AI는 경쟁자라기보다는 우리 자신의 확장된 일부가 될 것이다."(Kurzweil, 2024: 30)

커즈와일 자신이 확신하며 준비해 왔다는 영생 수준의 생명 연장 대신에 '사고의 확장'이라고 했다. 인류는 언어를 통해 사고의 확장을 경험한 이래 회화, 문자, 인쇄술을 지나고, 방송과 인터넷을 거쳐 AI에까지 이르렀다. 그리고 뇌의 정보를 통째로 컴퓨터에 옮기는 상상을 현실화하는 확장을 모색하는 중이다. 미디어는 인간의 확장이라고 했을 때, AI는 인간의 확장 최종 단계에 해당할 수도 있을 것이다.

샘 올트먼과 제프리 힌턴의 엇갈리는 전망

지금까지 인간의 확장으로서의 미디어는 인간 신체의 특정 부분의 확장이었다. 그 경우 미디어는 신체의 한계를 초월하는 기능을 발휘함으로써 생산력을 증대할 수 있었다. 신체의 한계를 초월하지 못하는 것은 쓸모가 없었다. 예를 들어 원시인류 초기에 아무런 도구도 없이 맨손으로 사냥과 채취를 했던 때를 상기해 보자. 생산성의 답보 상태를 면하기 어려웠을 것이다. 맨손으로 흙을 뒤집고, 사냥을 한다고 맨발로 기를 쓰고 달려 봐야 소용이 없었을 것이다. 그러다가 석기를 만들어 땅을 헤집고, 창과 활을 만들어 사냥을 했다. 당연히 생산성이 상승하고 여유가 생겼을 것이다. 걱정도 생겼다. 이 도구들이 인명을 해치는 무기가 될 수도 있음을 깨닫게 된 것이다. 어떻게 해야 할까? 폐기하고 개발이나 사용을 금해야 할까? 그럴 수는 없다. 여기에도 비가역성과 예측 불가능성이 적용된다. 어떤 도구나 미디어든지 인간의 한계를 극복하는 데 도움이 되지 않는 것은 쓸모가 없다. 다만 오로지 인간 모두에게 도움이 되는 방향으로만 사용되도록 억제할 조치만 필요할 따름이다.

AI도 마찬가지다. 지금처럼 부분적으로만이 아니라 모든 면에서 전체적으로 인간보다 뛰어난 기능을 가진

AGI가 출현하는 것은 필연일 것 같다. 이 경우도 AGI가 인간에게 이로운 방향으로만 사용되도록 합의하고, 공존할 수 있는 방향을 모색해야 할 것이다. 오픈AI의 샘 올트먼은 2025년 6월 11일 블로그에 쓴 "부드러운 특이점(The Gentle Singularity)"이라는 글에서 AI의 미래를 낙관적으로 전망하며 과학 발전 및 생산성 향상과 함께 삶의 질이 현저히 개선될 것이라고 전망했다. 그에 비해 제프리 힌턴(Geoffrey Hinton) 교수는 AI의 위험성을 경고하며 경각심을 촉구했다. 지나친 낙관도, 지나친 비관도 금물이다.

올트먼과 힌턴의 견해가 대립되는 것은 아니다. 기회와 위험은 공존한다. 문제는 사람의 처신이다. AI가 인간과 같은 창의력을 발휘하고 독립적으로 생각을 하고, 자아와 감정을 갖고, 자유의지를 갖게 되지는 않을 것이라고 본다. 뉴런의 역할을 하는 매개변수들의 연결이 인간의 뇌처럼 작동하는 데에도 한계가 있을 것이다. 설령 그렇게 된다고 해도 인간의 통제력 아래 있게 될 것이다. 무엇보다도 현실 세계를 경험하고 지식을 축적해 통찰을 얻는다는 것도 사람과 같지는 않을 것이다. 지나친 낙관이나 비관을 제어하면서 평화적 공존의 길을 모색하는 것이 현명하다.

AGI는 물론이고 ASI(Artificial Super Intelligence, 슈퍼인공지능)라고 하더라도 인간을 완전히 대체할 수는 없다. AI의 본질은 인간의 뇌에서 언어와 추론 기능을 수행하는 대뇌의 신피질을 모사한다는 점이다. 뇌의 모든 부위 기능을 옮겨 놓은 게 아니다. 이를테면 본능을 담당하는 파충류의 유전자 영역이나 감정을 담당하는 변연계의 기능은 없다. 따라서 자의식 비슷한 태도를 보일 수는 있어도 사람처럼 감정을 느끼지는 못할 것이다. 인터넷 데이터를 학습하는 것과 사람처럼 세상을 경험하는 것은 다르다. GPT-4와 같은 생성형 AI는 아직도 인간 지능의 본질적 특성, 곧 인간의 뇌에서 실제로 일어나는 현상을 포착하지 못한다(Bennett, 2023: 22). AI가 인간의 지능을 초월한다고 해도 인간의 창의력과 직관, 감성, 사회적 활동 등 인간 고유의 특성을 대체하지는 못할 것이다. 일탈하지 않도록 자제하고 공존하는 방향으로의 모색이 답이다.

참고문헌

김대식 외(2003). 《현대경제학원론》. 박영사.

塩澤由展(1997). 《複雜系經濟學入門》. 임채성 외 옮김(1999). 《왜 복잡계 경제학인가》. 푸른길.

Bennett, M.(2023). *A brief history of intelligence.* 김성훈

옮김(2025). 《지능의 기원》. 더퀘스트.
Kurzweil, R.(2005). *The singularity is near: When humans transcend biology*. 장시형 · 김명남 옮김(2007). 《특이점이 온다: 기술이 인간을 초월하는 순간》. 김영사.
Kurzweil, R.(2024). *Singularity is nearer*. 이충호 옮김(2025). 《마침내 특이점이 시작된다: 인류가 AI와 결합하는 순간》. 비즈니스북스.

김동민

고려대학교 임학과를 졸업하고 한양대학교 대학원 신문방송학과 박사학위를 받았다. 한일장신대학교 교수를 지냈으며 한양대학교, 단국대학교, 전북대학교, 동아대학교 등에서 강의를 했다. 한국언론정보학회 회장을 지냈으며, 현재 한국AI커뮤니케이션학회 회장이다. 저서로는 《미디어 오디세이》, 《미디어 시간여행》, 《매클루언 미디어론의 자연과학적 해석》, 《미디어 빅 히스토리》, 《미디어 이론으로 본 AI》 등이 있다.